Beni Frenkel • Gar nicht koscher

W0196385

Beni Frenkel
Gar nicht koscher

Vom täglichen Schlamassel,
als Jude durchs Leben zu gehen

KEIN & ABER

POCKET

1. Auflage: Februar 2015
2. Auflage: Juli 2015
3. Auflage: November 2018

Die Texte im vorliegenden Band sind eine überarbeitete Auswahl von
Kolumnen aus der *Jüdischen Allgemeinen*, der *Basler Zeitung*,
dem *Magazin* des *Tages-Anzeigers*, der *NZZ am Sonntag*, dem *Tagblatt
der Stadt Zürich* und *Zürich 2*.

Coverbild: silentmode.tv
Satz: Dörlemann Satz, Lemförde
Druck und Bindung: CPI – Ebner & Spiegel, Ulm
ISBN 978-3-0369-5925-2
Auch als eBook erhältlich

www.keinundaber.ch

Für meine Frau

Inhalt

Vorwort

Ich komme aus einer großen Schriftstellerfamilie. Meine Mutter hat unter anderem drei jüdische Kochbücher geschrieben und mein Vater einen schmalen Band über das kleine Städtchen Baden im Schweizer Mittelland. Die Kochbücher meiner Mutter verkauften sich nicht schlecht, ganz anders aber ihr Buch über einen jüdischen Friedhof, den ältesten und einen der größten der Schweiz. Auf jeder Seite wird ein Grabstein porträtiert. Das Buch ist enorm schwer. Ich weiß nicht, wie viele Menschen dieses Friedhofbuch gekauft haben. Etwa zweihundert Stück dieses großformatigen Werkes lagen während meiner Jugendzeit stets in verschiedenen Zimmern. Im Keller, im Hobbyraum und dann im Zimmer meiner Schwester.

Zum Schreiben bin ich eigentlich durch meinen Vater gekommen. Der ist arbeitslos geworden. Da war er schon Mitte fünfzig. Über ein Jahr lang suchte er einen neuen Job als Controller. Leider erfolglos. Dann kam er auf die Idee, ein Buch über das jüdische Baden zu schreiben. Baden ist nicht New York oder Berlin, Baden ist eine kleine Stadt mit zwanzig Juden. Anfangs dachte ich, das Buch werden zwanzig Menschen kaufen und vielleicht noch der örtliche Pfarrer und die Leihbibliothek.

Später habe ich dann begriffen, dass es gar nicht um die Verkaufszahlen geht. Es handelt sich um ein jüdisches Buch! Was das bedeutet, habe ich bei meinem Vater miterleben dürfen: Noch bevor er die erste Seite schrieb, wandte er sich an alle Kirchverbände und Kulturkommissionen der Schweiz. Er schreibe da ein jüdisches Buch, verkündete mein Vater, über das jüdische Baden! Fünfzig Jahre nach dem Holocaust! Ein wichtiges Buch, das Zeugnis über die jüdische Vergangenheit ablegt! Wessen Herz noch ein bisschen schlägt, der muss dieses jüdische Werk finanzieren! Fünfzig Jahre Holocaust!

Ich weiß gar nicht, wie viele Bücher mein Vater schließlich verkaufte. Auch sie lagen überall in der Wohnung herum. Aber durch geschicktes Marketing musste er gar kein Buch verkaufen, die Druckkosten hatte er durch die vielen Sponsoren längst eingespielt.

Man muss also über Juden schreiben! Und das tue ich schon seit fünfzehn Jahren, zum Beispiel in der *Jüdischen Allgemeinen*, dem *Magazin* des *Tages-Anzeigers* und in der *NZZ am Sonntag*. Über jüdisches Essen, jüdische Frauen, jüdische Fixiertheit. Viele Leute meinen, ich müsste mal einen Tapetenwechsel wagen, über was anderes schreiben. Aber warum sollte ich? Ich meine: Sie halten das Buch ja gerade in Ihren Händen.

Tutti Frutti in Dättwil

Ich bin in Dättwil aufgewachsen, einem kleinen Dörfchen. Einwohner: vielleicht fünfhundert, kleiner Dorfbach, ein Kindergarten, drei Großbauern, viele Bäume. Dättwil liegt neben Baden im Kanton Aargau, der Bus fährt im Viertelstundentakt. Wir wohnten in einer neuen Wohnsiedlung. Beim Hauseingang hat ein Künstler eine Steinskulptur aufgebaut. Sie ragt etwa sieben Meter in die Höhe. Unerfahrene Kinder, oder solche, die gerade zu Besuch kamen, verletzten sich häufig an der Skulptur. Die Steinblöcke sind messerscharf geschliffen.

Wir wohnten im dritten Stock. Im Erdgeschoss lebte Herr Fischer. Herr Fischer schrie immer »Saujude«, wenn ich am Sonntag den Fußball gegen seine Wand spielte. Dann riss er immer die Fenster auf, und seine Schlagadern quollen dick und rot an. Manchmal drohte er auch damit, alle Juden, uns eingeschlossen, zu vergasen. Über ihm wohnten Herr und Frau Maron. Die waren normal. Herr Fischer, nein, ich glaube, er hieß Herr Schneider, wurde mit den Jahren immer wütender. Irgendwann ging mein Vater mit ihm zum Friedensrichter. Herr Schneider versprach, mit dem Judenvergasen aufzuhören, und bezahlte uns hundert Franken. Wie mein Vater dies geschafft hat, weiß ich nicht mehr. Hundert Franken waren vor fünfundzwanzig Jahren eine große Summe. Herr Schneider verließ uns ein halbes Jahr später.

Mein Vater. Viel weiß ich nicht über ihn. Er ist in Zürich aufgewachsen. Seine Großeltern sind aus Grodno und Wilna in die Schweiz geflüchtet. Sein Vater war »Schmatteshändler«. Er ist mit den Schweizerischen Bundesbahnen überall herumgefahren und hat in Dörfern Tücher und Stoffreste verkauft. Das haben damals viele Juden gemacht. Sie haben sich beim Hauptbahnhof getroffen und sind in alle Richtungen gefahren, immer alleine. Mein Vater hat Wirtschaftswissenschaften studiert und früh geheiratet. Ich kann mich an keine Lebensphase erinnern, wo er viel Geld verdient hat. Es reichte halt immer. Die Firmen, in denen er tätig war, die gibt es heute gar nicht mehr. Ich glaube aber, dass ihm Geld nicht so wichtig war. Eigentlich weiß ich sehr wenig über ihn. Über seine Kindheit sprach er selten, das wenige, das ich weiß, habe ich von seiner Mutter erfahren. Die war aber schon dement.

Was wir gerne machten: In Dättwil wurde in den 80er-Jahren pausenlos gebaut. Mit dem Ergebnis, dass das Dörfchen jetzt wie ein fettes Hängebauchschwein aussieht. Mit meinem Vater ging ich sonntags, nachdem ich Herrn Schneider geärgert hatte, immer auf die Baustellen. Damals wurden noch keine Zäune um die unfertigen

Bauten gezogen. Man konnte einfach reinspazieren. Wir nahmen Plastiktaschen von zu Hause mit und füllten sie bei der Baustelle mit den leeren Flaschen, die die Arbeiter dort liegen gelassen hatten. Essensreste, also zum Beispiel Schokoladestückchen, schoben wir in den Mund. Manchmal schüttete ich volle Flaschen noch aus, um an das Leergut heranzukommen. Mein Vater lehrte mich schon früh, jegliches Unrechtsgefühl abzuschütteln. Es gab dann Tage, an denen ich mit den leeren Flaschen zwanzig Franken verdiente. Im kleinen Dorfladen, wo eine alte Frau die alte Kasse bewachte, wurden mir einmal die Flaschen nicht vergütet. Ich würde sie von den Baustellen stehlen, warf mir die alte Hexe vor. Mein Vater konnte das zum Glück regeln.

Eigentlich beherrschte mein Vater das Verhandeln aber überhaupt nicht. Wenn er mal wütend wurde, dann konnte er sich in einen Herrn Schneider verwandeln. Dabei verschloss er seine Lippen und hielt die Luft an. Nach ein paar Sekunden lief sein Gesicht natürlich rot an. Der Wutausbruch, der darauf folgte, war allerdings harmlos. Er kniff mich mit Daumen und Zeigefinger. Interessanterweise mache ich das Gleiche mit meinen Kindern. Bevor man Kinder kriegt, überlegt man sich, wie man sie später einmal züchtigen soll. Ins Gesicht schlagen darf man nicht, das versteht sich von alleine. Auf die Hand schlagen ist 19. Jahrhundert. Also bleibt eigentlich nur noch Kneifen übrig.

In den achtzehn Jahren, in denen ich bei meinen Eltern lebte, wurde ich aber nur etwa sechsmal gekniffen. Immer mit gutem Grund. Mit dreizehn hatte ich eine religiöse Erweckungsphase. Mein Vater ist zwar jüdisch, aber nur mäßig observant. In die Synagoge ging er jedoch einmal in der Woche. Hilflos blätterte er im Gebetbuch und freute sich auf das Ende des Gottesdienstes. Als ich dreizehn wurde, wollte ich religiöser werden als meine Eltern. Zum Beispiel am heiligen Schabbat keine Fernsehsendung mehr gucken. Leicht war das nicht, denn am Schabbat liefen damals die besten Sendungen: *Wetten, dass …*, *Traumhochzeit* und etwas später am Abend *Tutti Frutti*. Häufig versuchte ich, meinen Vater von der Erhabenheit des jüdischen Schabbats zu überzeugen. Ich fühlte mich moralisch schuldig, wenn ich meine Eltern nicht zu höherer Weihe leiten konnte. Einmal lud mich an einem Samstag ein Rabbiner zu sich nach Hause ein. An diesem Abend lief die Sendung *Concours Eurovision de la Chanson*. Was tun? Soll ich mit dem Rabbi die heilige Bibel studieren, während mein Vater diese ruchlose Sendung anguckte? Aus Sorgen um die Unbeflecktheit meiner Eltern entfernte ich die Fernbedienung. Jetzt konnten meine Eltern den Concours nur noch lautlos verfolgen. Eine gute Tat. Am Sonntagmorgen erklärte ich meinen Eltern, die die Fernbedienung immer noch in der ganzen Wohnung suchten, dass ich sie versteckt hatte – zu ihrem Seelenwohl natürlich. Mein Vater kniff mich. Dieses Mal tat es weh.

Wir haben vorhin kurz *Tutti Frutti* erwähnt. Moderator war Hugo Egon Balder. Worum es in der Sendung ging, war zweitrangig. Der Höhepunkt waren die jungen Frauen, die mit Hugo tanzten. Der Höhepunkt dieses Höhepunkts war der Moment, wo sie kurz ihre knappe Oberbekleidung auszogen. Jede Frau hatte einen anderen Fruchtsticker auf ihrem Busen, genauer: Nippel. Die eine hatte also eine Banane, eine andere vielleicht eine Erdbeere und eine dritte einen Apfel. Diese drei Sekunden waren das Spannendste in meiner Jugend. Die Sendung muss irgendwann gegen Mitternacht ausgestrahlt worden sein. Der Fernseher stand rechts neben der Tür zum Elternschlafzimmer. Ich musste also auf mehrere Dinge gleichzeitig achten: Auf den Moment der Fruchtsticker und auf die Geräusche meiner Eltern. Mein Vater musste in der Nacht häufig auf die Toilette. Vorher ächzte er, und das war das Signal, dass er bald rauskommen würde. Es gibt aber keinen Dreizehnjährigen, der es liebt, vom Vater überrascht zu werden, wie er gerade Frauen mit Kirschenbildern auf ihren Nippeln anguckt. Ich warf mich immer hinters Sofa, wenn er kam.

Jahre später kam ich zur Erkenntnis, dass mein Vater sehr wohl Bescheid wusste, was ich da für eine Sendung anschaute. Ich rechne es ihm hoch an, dass er damals keine blöden Witze machte und so tat, als wüsste er von nichts.

Ob ich ihm nacheifere? Ich weiß nicht. *Tutti Frutti* läuft schon lange nicht mehr. Und mein Sohn ist erst vier. Doch, da fällt mir was ein. Der Kleine hat kürzlich das Eisfach entdeckt. Für sein Alter ist er sehr intelligent. Aber noch klein. Er nahm einen Stuhl, stellte sich darauf und angelte sich ein Eis. Ohne zu fragen.

Wenn ich darüber nachdenke, ob ich mich vor meinem Vater gefürchtet habe oder ob er mein Vorbild war, so muss ich beides verneinen. Er saß neben mir beim Frühstückstisch und war bei Familienausflügen dabei. Es gibt keine Szene, wo wir beide fischen waren und über lebenswichtige Entscheidungen räsoniert haben. Auch gemeinsame Ferien gab es nie. Ob ich ihm das verüble? Nein.

Das Einzige, das uns verband und den Moment überdauerte, das waren die gemeinsamen Spaziergänge zur Synagoge am Sabbat. Dättwil, das verdammte Kaff, hatte kein jüdisches Gebetshaus. Die nächste und einzige geöffnete Synagoge im Kanton Aargau war die in Baden. Wir liefen jeden Samstagmorgen hin und zurück. Zusammen etwa zwei Stunden. Ich erinnere mich. Als ich noch in die Primarschule ging, diskutierten wir häufig, wie viele Katzen nötig sind, um einen Hund zu töten. Oder wie viele Mäuse es braucht, um einen Igel zu erlegen. Das sind Fragen, die man nicht leicht beantworten kann. Neben einem Grundverständnis der Anatomie ist eine lebhafte Fantasie vonnöten, um sich einen derartigen Kampf vorzustellen. Im Fernsehen lief kürzlich eine Serie über Dinosaurier, die ein ähnliches Thema hatte. Wer ist stärker – Brontosaurus oder Tyrannosaurus? Und wie würde der Kampf aussehen?

Was wir auch gerne machten: uns über andere lustig.

Wir sahen zum Beispiel von Weitem eine alte Frau. Sie trug eine volle Handtasche. Mein Vater dachte laut darüber nach, was für Reizwäsche sie sich wieder gekauft hat. Wir stoppten unsere Überlegungen, als sie uns dann entgegenkam. »Guten Morgen.«

In der Synagoge von Baden herrschte ein Herr Jakob Rosenthal. Er war Zahnarzt mit eigener Praxis und der reichste aller Juden in Baden. Er war Mäzen und Präsident der kleinen Gemeinde, häufig Vorbeter und erste Instanz. Eigentlich war er der einzige reiche Jude in der Synagoge. Die anderen waren Buchhalter, Schreiner, Ballonfahrer und Arbeitslose. Seine Villa befand sich an der höchsten Stelle in Baden. Wenn es ein Quartettspiel von allen Mitgliedern der Synagoge gegeben hätte, wäre Herr Rosenthal in allen Disziplinen der Supertrumpf gewesen. Seine Frau war die Hübscheste, sein Auto das schnellste, seine Stimme die lauteste und sein Wissen das imponierendste. Mein Vater saß in der Synagoge neben ihm und benahm sich wie sein Lakai. Als Kind sieht man so etwas nicht gerne. Herr Rosenthal gähnte, mein Vater streckte sich. Herr Rosenthal blätterte die Seite im Gebetbuch um, mein Vater tat das Gleiche. Wenn Juden in der Synagoge beten, dann umhüllen sie sich mit einem Gebetsmantel. Der ist weiß und rutscht in der Regel immer auf den Boden. Herr Rosenthal trug einen aus Silber und Gold, wir anderen hatten ehemals weiße Gebetsmäntel, die sich mit der Zeit langsam bräunlich verfärbt hatten. Auf der Rückenlehne des Stuhls des Präsidenten stand auch: »Herr J. Rosenthal«. Wer klug war, der verscherzte es sich nicht mit ihm. Als mein Vater arbeitslos wurde, streckte ihm der reiche Rosenthal fünftausend Franken hin. Einfach so.

Am Ende jedes Gottesdienstes wurde von der reichen Frau Rosenthal ein kleiner Imbiss organisiert. Es gab Erdnüsse, Salzstangen, trockenen Kuchen und viel Schnaps. Die Leute füllten schnell den kleinen Raum und griffen nach den Salzstangen. Dann kam der Präsident. Wohl dem, der seine Hand schütteln konnte. Ein leichtes Schauern ergriff den Glücklichen, der vom Präsidenten kurz gegrüßt wurde. Herr Rosenthal setzte sich an den Kopf des Tisches, alle anderen Mitglieder setzten sich nach ihm hin. Dann Stille. Die Gespräche verebbten. Herr Rosenthal räusperte sich und begrüßte seine kleine Gemeinde. Dann sinnierte er über den Tora-Abschnitt, den er vor einer halben Stunde gerade vorgelesen hatte. Häufig gefiel ihm ein Bibelvers. Auswendig rezitierte er Kommentatoren und weise Worte. Lateinische Wörter fielen, hebräische Sinnsprüche und kurze Ausflüge in die Welt der Naturwissenschaft folgten den Ausführungen zu Kant, Spinoza, Hegel. Außer ihm verstand niemand etwas. Herr Rosenthal konnte sehr lange reden. Manchmal zehn Minuten, manchmal eine Viertelstunde. Er redete und redete. Mein Vater, der neben ihm saß, schloss die Augen und legte den Finger unter die Nase. Seinen Kopf leicht geneigt. Es sah aus, als würde er sich sehr konzentrieren, um jedes Wort von Herrn Rosenthal in seiner ganzen

Tiefe zu erfassen. In Wirklichkeit schlief er. Geräuschlos natürlich. Wenn Herr Rosenthal seinen Vortrag beendet hatte, brandete Applaus auf. Die Leute erhoben sich und bildeten eine Traube um ihren Gemeindepräsidenten. Der saß stolz auf seinem Stuhl und rief seiner hübschen Frau zu, sie möge doch bitte den teuren Whiskey aufmachen. Die Männer jubelten wieder und füllten ihre Schnapsgläser.

Auf dem Nachhauseweg lästerte dann mein Vater über Herrn Rosenthal und äffte ihn nach. Wenn ich darüber nachdenke, habe ich diese Eigenschaft ganz und gar von ihm übernommen. Auch ich kann bis zur Selbstverleugnung schleimen und später über die gleiche Person herziehen. Interessant. Sowohl meine Mutter als auch meine Frau sind entsetzt über das fehlende Rückgrat ihrer Männer.

Meine Frau sagt mir auch häufig, ich soll etwas mit meinem Sohn machen. Irgendetwas Männliches. Der Vierjährige kann mich nämlich nicht so gut leiden. Am Morgen kriecht er immer zur Mutter ins Bett und guckt mich böse an. Wenn ich ihm Frühstück machen will, beginnt er zu weinen. Und wenn ich ihn vom Kindergarten abhole, tritt er mich gegen das Schienbein.

Sehr männlich bin ich aber nicht. Ich kann nicht Auto fahren, nicht mit Werkzeug umgehen, und den Umschlag mit der Steuererklärung gebe ich ungeöffnet meiner Frau. Sie hat meine Unmännlichkeit erst mit den Jahren mitbekommen. Schuld habe ich immer meinem Vater gegeben.

Er hätte mit mir nie den Rasen gemäht und keinen Berg erklommen. Jetzt wo ich selbst Vater bin, urteile ich gnädiger über meinen. Der Vierjährige nervt. Was will er von mir? Die Welt ist groß, soll er sie selber erkunden.

Als ich die obligatorische militärische Grundausbildung, die Rekrutenschule, absolvierte, da hatte ich einen Anflug von geistiger Verwandtschaft mit meinem Vater. Er war Oberleutnant gewesen. Musste allerdings nie einen Zug befehligen. Ich war in der Rekrutenschule extrem schwach gewesen. Nicht einmal das Gewehr konnte ich auseinanderbauen. Im 20-Kilometer-Marsch musste ich aufgeben, und dies, obwohl ich in der Truppe war, die am leichtesten zu tragen hatte: bei den Nachrichtensoldaten. Ständig wurde ich fertiggemacht. Vom Leutnant, der eine Frau war, und von den anderen Soldaten. Alle dachten, ich würde nur Theater spielen, dabei war ich wirklich eine Nuss. In den letzten Wochen meiner militärischen Grundausbildung musste ich immer die Toiletten sauber machen. Es war alles Scheiße. Die größte Demütigung war dann, als ich in einer der letzten Wochen bei der Inspektion hinter die Kaserne geschickt wurde. Ein Major kam, um die Schule zu besichtigen. Mein Hauptmann fürchtete sich vor einem Debakel und entfernte mich. Eigentlich hätte ich gerne weitermachen wollen, also Offizier werden, aber daraus wurde nichts. Natürlich habe ich darüber gescherzt, aber innerlich hat es dann wehgetan.

Mein Vater, der seltsame Oberleutnant, wusste um meine innerliche Zerrissenheit. Auch er, so schilderte er, wäre die ganze Zeit schikaniert worden. Vielleicht klappt es ja in den Wiederholungskursen, machte er mir Mut. Manch fähiger Soldat wird dort noch entdeckt und auf die Offiziersschule geschickt. Natürlich hat das nicht geklappt, wie sehr ich mich auch anstrengt habe. Aber in den dreiwöchigen Kursen habe ich zumindest die wichtigste Lektion von meinem Vater in die Tat umgesetzt. Geschleimt habe ich bis zur Selbstauflösung. Tat so, als würde der dreiundzwanzigjährige Offizier eine zehnjährige Kampferfahrung in Afghanistan aufweisen. Und es hat funktioniert. Ich wurde Gefreiter. Ich erhielt einen schrägen Balken auf meine Uniform (das Zeichen für Gefreiter) und einen Franken mehr Sold. Letzteres war leider nicht mehr von Belang, denn ich wurde erst am letzten Tag meiner Dienstzeit befördert.

Im Januar wird mein Vater siebzig Jahre alt. Die Zeit ist schnell vergangen. Kinderkriegen, Arbeiten, nochmals Kinderkriegen, Berufswechsel, Berufswechsel, endlich Pension, Nebenjobs, siebzig Jahre. Heute ist mein Vater freiberuflicher Wanderführer im Kanton Aargau. Letztes Jahr hat er die Prüfung bestanden (Fragebogen mit Ankreuzen). Zwei Gruppenführungen liegen hinter ihm, einmal hat er sich im Wald verlaufen. Langsam beginnt er, Gesprächsthemen zu wiederholen, wirkt manchmal zerstreut, sucht den Hausschlüssel und das Handy, die Geldbörse und die Brille.

Er lebt mit sich im Reinen. Ich werde den gleichen Weg gehen. Unauffällig.

Und ewig dampft der Tscholent

Mein persönliches jüdisches Jahr wird nicht gut beginnen. Kulinarisch gesehen. Wie jedes Jahr bin ich bei einem religiösen Paar zum Abendessen eingeladen. Vielleicht kennen Sie den Brauch, dass man bei der ersten Mahlzeit des jüdischen Jahres einen Apfel in Honig tunkt. Damit soll der Jahresstart süß beginnen. Schön. Dort, wo ich aber eingeladen bin, wird nebst Apfel und Honig auch ein Fischkopf auf den Tisch gestellt. Direkt links neben mir. Dort steht dann der Kopf mit aufgerissenem Maul und guckt mich mit eindringlichen Augen an.

Der Hausherr schneidet ein Stück des Kopfs ab und spricht auf Hebräisch das Gebet: »Es sei Dein Wille, oh Ewiger, dass wir beim Kopf und nicht beim Schwanz landen.« Ich sage Amen und schaue den Fischkopf an und er mich. Mich musst du nicht so angucken, ich habe dich nicht gefangen und will nichts von dir essen.

Ich will eigentlich überhaupt nichts mehr essen. An jüdischen Feiertagen sowieso nicht. Denn wo man hinschaut, die jüdische Religion hat etwas gegen Gourmets. An Pessach muss man ein Bitterkraut runterschlucken, bis einem die Luft knapp wird, an Schawuot gibts nur milchige Speisen, während des Laubhüttenfests löffelt man Suppe und friert sich in der ungeheizten Sukka den Arsch ab, und an Rosch-Haschana schaut dir ein Fischkopf beim Essen zu.

Woher diese jüdische Stimmungsmache gegen gutes Essen? Warum gibt es eine italienische, eine französische, eine chinesische Küche, aber keine jüdische? Sind Tscholent, Mazzenknöddel und Gefillte Fisch die Zeugen schlechter jüdischer Kochkünste oder einfach der Beweis, dass das auserwählte Volk seinen Kopf lieber über Folianten als über Kochtöpfe beugt?

Ich denke, es hat etwas mit Sex zu tun: Die jüdische Religion hat einen unverkrampften Zugang zu Sex. Während die katholische Kirche das Zölibat, die Enthaltsamkeit schlechthin, als engste Bindung zum lieben Gott versteht, schreibt die jüdische Lehre dem Hohepriester vor, dass er verheiratet sein muss. Und auch ein Rabbiner sollte das heutzutage sein. Doch nicht nur heiraten muss man, sondern auch die Bestimmungen der Ketuba, dem jüdischen Ehevertrag, einhalten, in der unter anderem steht, dass der Mann sich verpflichtet, seine Frau so und so oft zu beglücken.

Was bei der Liebe beginnt, hat im Essen seinen Fortbestand. Das Judentum stellt sich Essgelagen nicht entgegen. Und so steht es auch in den Schriften, dass das Essen vor Jom Kippur gleich heilig ist wie das eigentliche Fasten danach. Freiwillige Fastentage hingegen, die ein Bigotter auf sich nimmt, finden bei den Rabbinern keinen Applaus. Überhaupt sind Rabbiner keine Kostverächter. Lädt man sie zu Hochzeitsfeiern ein, haben sie plötzlich viel Zeit und bleiben selbstverständlich bis zum Anschneiden der Hochzeitstorte bei der Festgesellschaft. Unter diesem liberalen Fundament kann sich natürlich keine Küche entwickeln, die Erneuerungen hervorbringt. Wenn alle essen und glücklich sind, wer will da noch eine Nouvelle Cuisine entwerfen?

Diese Saturiertheit führt aber zu einem Stillstand in der jüdischen Küche. Der eingangs erwähnte Tscholent, eine klebrige Suppenpampe mit Gemüseresten, steht stellvertretend für die Einfallslosigkeit jüdischer Kochlöffelkunst.

Schlimm steht es auch bei den Koscher-Läden. Seit ich mich erinnern kann, stehen die immer gleichen Produkte in den Regalen. Kekse, die wie Überlebensrationen aussehen, Suppengewürze, die immer noch mit einer 70er-Jahre-Vepackung daherkommen. Koscher-Läden sind in erster Linie muffig. Neben der Kasse liegen Bücher, Musikträger und Schmonzes zum Verkauf. Eine Frechheit sondergleichen sind die Büchsen für die Wohltätigkeit – als hätte man nicht schon genug Geld für Koscher-Artikel ausgegeben.

Und wie sieht es mit unseren Restaurants aus? Susanne sagt: »Ich geh zum Italiener«, Christina fragt: »Kommst du auch zum Griechen?«, aber keine Franziska lockt mit: »Komm doch auch zum Juden!« Denn was wollen Gojim schon bei uns? Abgelaufene Koscher-Butter zum halben Preis? Oder koscheren Nutella-Verschnitt? Die gehen lieber zum Inder, Pakistani oder Türken. Neidisch sehen wir ihnen zu, wie sie Sushi zum Mitnehmen bestellen. Wir dagegen löffeln seit sicher mehr als zweihundert Jahren Gefillten Fisch aus dem Glas. Tradition? – Richtig. Mjam-mjam, lecki-schlecki? Nö! Und sicher, es ist nicht unsere Aufgabe, Nichtjuden zu bekehren, aber hat es in den letzten 5768 Jahren einen Fall gegeben, wo ein Goj jüdisch wurde, weil unser Essen so gut ist? Doch warum so weit zurückblicken? Nur einen Paul Bocuse in den letzten hundert Jahren, und das jüdische Essen wäre ein bisschen trendy, geil. Zumindest besser als Astronauten-Fraß.

Panik kommt jedenfalls immer auf, wenn nichtjüdische Freunde zu Besuch kommen und so floskelhaft dahersagen: »Du, mach uns dann keinen Fünfgänger. Kocht einfach etwas typisch Jüdisches.« Doch was ist schon »typisch jüdisch«?

In der Not kaufen wir dann immer koschere Tiefkühlpizzas.

Doch zurück zum Fischkopf. Ich werde auch dieses Jahr wieder neben ihm sitzen. Und mich an die Zeit in der Jeschiwe erinnern. Ich saß mit hundert Knaben im Esssaal und freute mich auf mein erstes Rosch-Haschana-Essen ohne Aufsicht der Eltern. Das Küchenpersonal brachte die Speisen in die Kantine und stellten einen Rindskopf auf unseren Tisch. Man muss nämlich nicht unbedingt einen Fischkopf essen. Mit Rindern, Schafen und so weiter kann die Pflicht ebenso erfüllt werden.

Nur saß ich schon damals – verdammt – neben dem Kopf und musste zugucken, wie meine Kameraden diesen aushöhlten. Die Szenerie ähnelte dem Schlussbild jedes Asterix-Bands, wo das ganze Dorf gebratene Wildschweine verzehrt. Normalerweise wird man durch solche Erlebnisse Vegetarier. Ich nicht. Doch ich verspürte Erbarmen mit dem Rindskopf und schwor mir, manchmal lieber beim Schwanz zu landen, als Köpfe zu vertilgen.

In der Jeschiwe verstand ich dann auch Darwin mit seiner Evolutionsbiologie ein wenig besser. *The survival of the fittest*, nur diejenigen Jeschiwe-Zöglinge wurden groß und fett, welche den Rindskopf am ungeniertesten abnagten. Und bei den Fischen – die wurden auch serviert – sicherten sich die Stärksten und Schnellsten die Fischaugen und wurden – ein Aberglaube – klug durch deren Verzehr.

Was mir in der Jeschiwe auch auffiel: die schlechte Ernährung. Zwar listet der Schulchan Aruch, der jüdische Gesetzeskodex, eine Liste von Verboten auf: So soll man nicht im Stehen essen oder trinken, ein Glas Wein nicht in einem Zug leer saufen und während des Essens keine Reden führen. Der Alltag sah jedoch anders aus. Zur Ehrenrettung der Jeschiwe muss ich aber sagen, dass ich in den Unimensas kein besseres Essverhalten gesehen habe. Vielleicht ist die Ernährung der einzige Bereich, wo selbst

Gott nicht an uns herankommt. Wir arbeiten Ihm zuliebe nicht am Schabbat, wir fasten, wenn es sein muss, und wir beten auch schön fleißig. Aber wo schon unsere Mütter versagt haben, nämlich uns Essmanieren beizubringen, da muss auch der Ewige kopfschüttelnd das Feld räumen.

Aber ein bisschen ist Er auch selber schuld. Wenn man dem auserwählten Volk die koschere Essenszubereitung so schwer macht, darf man sich auch nicht wundern, wenn es sich halb verhungert auf das Essen stürzt und darob alle Manieren vergisst. Denn es war sicher kein Jude, der Messerbänkchen, Tropfenfänger, Vorlegemesser, Hummer- und Austerngabel erfand, sondern eher ein gojischer dekadenter Franzose. Wenn wir Juden bei der Wüstenwanderung gegen Gott murrten, dann nur weil es zu wenig Essen gab.

Aber, ja, okay, dieses Jahr wollen wir wieder versuchen, dem da oben und unseren Frauen zu beweisen, dass wir sehr wohl schön essen können. Dafür gibts nicht immer Tscholent!

Mahlzeit!

Neben Jonathan bin ich auch stolzer Vater einer entzückenden Tochter. Die Geburt hat mich dermaßen aufgewühlt, dass für mich alle anderen Dinge relativ wurden.

Bin ich früher neidisch an Porsches vorbeigelaufen, stolziere ich heute fröhlich mit dem Kinderwagen neben Carrera, Cayenne & Co. Der Kinderwagen meiner Tochter hat nicht viele PS, dafür ungehemmte Vaterstärke.

Autos sind also in meinem Leben nebensächlich geworden. Dafür fahre ich häufiger mit dem Zug. So wie letzte Woche. Ich machte es mir in meinem Abteil gerade gemütlich: Zeitung ausbreiten, Schuhe ausziehen und drei belegte Brote (Thunfisch, Lachs, Käse) auspacken. So gefällt mir das Leben. Im Abteil gegenüber saß ein Vater mit seiner dreijährigen Tochter und betrachtete mit ihr ein Bauernhof-Bilderbuch.

Ich zwinkerte dem Mann zu und dachte an meine süße Tochter. In der linken Hand hielt ich die Zeitung, in der rechten das Thunfisch-Sandwich. So stellte ich mir das Paradies vor: essen und Zeitung lesen. Zwischen den Bissen schaute ich aus dem Fenster, bestaunte die schöne

Schweizer Landschaft und grunzte zufrieden. Den Auslandteil der Zeitung hatte ich gerade durchgeblättert und nahm nun den Sportteil in die Hand. Da stand das Mädchen plötzlich mit aufgerissenen Augen vor mir. Ich fuhr ein bisschen zusammen und versuchte zu lächeln. Das Mädchen rannte zu seinem Vater zurück und sagte: »Ich will ein Sandwich wie der Mann dort.«

»So, komm jetzt, Regula. Wir müssen noch das Buch fertig anschauen!«

Das Mädchen setzte sich wieder. Ich versuchte, mich erneut auf die Zeitung und das Essen zu konzentrieren. Vergeblich. Regula, das Mädchen, schaute immer wieder zu mir herüber. »Papi, warum darf ich nicht so ein Sandwich essen?«

»Pst, wir sind ja bald zu Hause.«

»Papi, warum hat der Mann dort drei Sandwich-Brote?«

»Ui, sieh dir die Kühe in diesem Buch an. Weißt du, welche Geräusche sie machen?«

Ich konnte nicht mehr essen. Die Dreijährige war von ihrem Platz aufgestanden und hatte sich direkt vor mich hingestellt. Ihre Glotzaugen verdarben mir den Appetit.

»Na, willst du ein bisschen von dem Brot?«, fragte ich. Mein Angebot klang wahrscheinlich wenig großzügig und offenherzig. Auf jeden Fall rannte das Mädchen zu seinem Vater zurück. Der war ein bisschen nervös geworden und schaute das Mädchen streng an: »Jetzt ist aber Schluss, Regula. Du störst nicht noch mal diesen Herrn dort.«

Ich lächelte gequält: »Och, das macht doch nichts.«

Schnell verschlang ich den Rest des Thunfisch-Sandwiches und las geistesabwesend irgendwelche Berichte im Sportteil. Meine Gedanken kreisten darum, wie ich das Lachs- und das Käse-Sandwich retten könnte. Sie lagen neben mir. Ich hatte großen Hunger, vor allem auf das mit dem Käse.

Doch das Mädchen, das mich immer noch fixierte, ließ mich erstarren. Oh Gott! Eine Dreijährige stellt meine ganze Reise auf den Kopf und ist in der Lage, mich verhungern zu lassen.

In meiner Not dachte ich sogar daran, auf die Toilette zu gehen und dort weiterzuessen. Ich wünschte mir, die schweizerische Eisenbahn würde so schnell fahren wie ein deutscher ICE. Ich dachte nochmals an meine Tochter. Wird sie dereinst auch so mein Leben bestimmen? Komme ich noch dazu zu essen? Schwere Gedanken trübten meine Seele.

»Alle Fahrscheine, bitte!« Jäh wurde ich aus meiner Sandwich-Depression herausgerissen. Ich öffnete meine Geldbörse, um meinen Fahrschein hervorzuklauben. Da sah ich das Foto meines kleinen Mädchens. Wie sie lacht! Wie sie strahlt! Die Nase, der Mund, die Beinchen – hat sie alles von ihrem Papi! Ich schmelze dahin. Oh ja, so ein Sonnenschein darf mein Leben aus der Bahn bringen!

Warum ein verkürztes Gebet
besser ist als gar keines

Zu meiner Schande muss ich leider gestehen, dass ich am Morgen etwa drei Minuten für das Morgengebet investiere. Mehr geht einfach nicht. Sobald ich aufstehe, gehe ich aufs Klo, wasche mich und bereite das Frühstück vor. Dann wachen meine zwei Kinder und meine Frau auf, alle haben schlechte Laune. Meine schwangere Frau will einen Grüntee, der Junge Cornflakes in einer sehr exakten Mischung, und die Tochter ist sowieso immer unzufrieden.

Ich renne vom Tisch zur Küche und wieder zurück. Zwischendurch flöte ich meiner Frau zu, dass sie sehr gut aussieht. Sie guckt mich böse an und bestellt einen Kaffee. Der Junge hat inzwischen die Schokolade ausgeleert, und die Tochter hämmert irgendetwas gegen die Badezimmertüre.

Ich renne runter, um die Zeitung zu holen, und in die Waschküche, um uns für den Abend in die Liste einzutragen. Wieder oben angekommen, laufen mir beide Kinder in die Arme. Sie haben sich gezankt und erwarten meinen Richtspruch. Ich schreie zuerst den Jungen, nachher das Mädchen an. Dann schreit mich meine Frau an, ich soll am Morgen nicht so laut schreien. Was soll denn das!

Um 7:15 Uhr gehe ich dann ins Arbeitszimmer, schultere den Tallit, binde die Tefillin um und greife zum Siddur. Ich sage das Schema und ein paar Segenssprüche. Zwischendurch checke ich die E-Mails und die Gebote auf eBay. Die Kinder stürmen ins Zimmer. Der Junge hat dem Mädchen ein Matchbox-Auto (Jaguar XJC) an den Kopf geworfen und dafür ein *My little Pony* abbekommen.

Normalerweise regelt das meine Frau. Aber sie ist ja schwanger und trinkt Grüntee. Ich bitte Gott also kurz um eine Auszeit und verhänge über beide Kinder eine zehnminütige Zimmerstunde. »Wo sind wir stehengeblieben?«, frage ich Gott, und blättere zum nächsten Gebet. Ich versuche, so schnell wie möglich zu beten: aschrejoschwewetechaodjehalaluchasela – amen! Gott wird mich schon verstehen, hoffe ich, und blättere weiter, weiter, weiter.

Es stinkt. Nach benutzter Windel. Eigentlich darf ich jetzt gar nicht beten. Ich müsste zuerst den Stinkbeutel entfernen. Aber wo ist denn der? Ich entschuldige mich nochmals bei Gott und schreie die Kinder an, wo sie verdammt noch mal ihre Windeln hingeworfen haben. »Sagen wir nicht, wir haben Zimmerstunde«, brüllen sie einträchtig zurück. Jetzt reichts mir langsam!

Zuhinterst im Siddur befindet sich ein Gebet für Soldaten, die im Schützengraben stehen und verständlicherweise nicht viel Zeit und Muße zum Beten haben. Das Gebet ist sehr kurz und dauert knapp eine Minute. Schade, denke ich mir, gibt es solche Gebetsabkürzungen nur für Männer im Krieg, aber nicht für Männer wie mich.

Der Herr hat sich auch dabei etwas gedacht ...

Jedem Töpfchen sein Deckelchen, jedem Tierchen sein Pläsierchen. Alles hat seine Bedeutung. Und wenn wir die Erklärung nicht gleich finden, der liebe Gott hat schon einen Plan. Das hat auch König David erfahren müssen. Die Kuh gibt Milch, das Schaf spendet Wolle, und das Huhn legt Eier. Aber was leistet eigentlich die Spinne? Das war Davids Frage an Gott. Erst auf der Flucht vor König Saul erkannte er die Vorzüge der Spinne. Er versteckte sich nämlich in einer Höhle, vor deren Eingang eine Spinne ihr Netz spann. Als die Häscher Sauls schließlich sämtliche Höhlen durchstöberten, machten sie vor der einen halt. Hier lohne sich die Arbeit sicher nicht, da hänge ja ein Spinnennetz.

Gleiches ist auch mir geschehen. Vor allen Berufsgattungen hatte ich Hochachtung. Nur nicht vor den Telefonverkäufern. Warum, so fragte ich Gott häufig, hast du Telefonagenten erschaffen? Mit den Jahren wurde ich natürlich weiser und einsichtiger. Gott hat immer recht. Aber wenn Er in Seiner unermesslichen Güte uns Menschen das Telefon und das Handy schenkte, warum musste als Blinddarm dann noch der Callcenter-Agent nachrut-schen?

Sie rufen mich immer abends an. So zwischen sechs und neun Uhr. Ich bin zwar passionierter Zeitungsleser, aber manchmal wünschte ich mir schon, das Internet würde alle Zeitungen eliminieren. Dann würde mich auch niemand mehr bei *Wetten, dass ...?* stören. Doch sind es nicht nur Zeitungsverkäufer, die mich abends nerven. In den letzten Monaten habe ich immer wieder Anrufe von jüdischen Telefonverkäufern erhalten. Irgendwie scheine ich in die Kartei »Gutgläubiger Schweizer (reich, naiv, verwirrt)« aufgenommen worden zu sein.

Die Gespräche beginnen immer so: »Ata medaber Iwrit?« Nein. »You speak English?« Just a little bit. »Du verstehst Jiddisch?« Dann antworte ich immer: »A giten Tog« und hänge auf. Kürzlich aber rief wieder einmal ein gojischer Callcenter-Agent an, der mir ein Wochenmagazin andrehen wollte. Das Gespräch begann so: »Herr Frenkel, wir alle möchten uns bei Ihnen bedanken.«

Ich wurde neugierig. Ja, warum denn? Nun, ich wäre ein so toller Mensch und so weiter. Irgendwie fesselte mich dieser Typ. Ich mag es, wenn man mich lobt. Und so fuhr er fort. Als er mir ein Fünf-Jahres-Abo verkaufen wollte, erwähnte ich meine stressige Familie. »Aber Sie, Herr Frenkel, schaffen das doch mit links, oder?« Na ja, ich bin schon ein guter Vater. »Und im Heft stehen viele Tipps für Profi-Väter wie Sie. Außerdem erhalten Ihre Kinder ein Handtuch gratis. Sie kaufen Ihren Kindern doch sicher immer wieder kleine Geschenke, oder?«

Ja, schon, das stimmt. Ich bin eben ein Profi-Papi. »Sie sind ein Super-Papi, Herr Frenkel!« Ich legte den Hörer irgendwann dann doch auf. Aber das Gespräch hat mir echt gutgetan. Lieber Gott, langsam verstehe ich deine Wege. Du bist halt – wie ich – ein Super-Typ!

Warum man bei Vorstellungsgesprächen nicht in der Nase popeln soll

Immer mehr Menschen haben einen Zweitjob. Auch an mir geht dieser Trend nicht vorbei. Meine Tätigkeit als Lehrer mit Teilzeitpensum füllt mich nicht mehr aus. Deshalb habe ich mich für eine 20-Wochenstunden-Stelle als Redakteur beworben. Der Verlag lud mich zu einem Vorstellungsgespräch ein. Die Nacht davor war ich ein bisschen nervös. Ich konnte nicht richtig einschlafen, weil ich die ganze Zeit überlegte, wie ich klug auf Fragen wie »Wo sehen Sie sich in zwanzig Jahren?« antworten könnte.

Die Nervosität war wahrscheinlich auch schuld daran, dass ich am nächsten Tag eine Stunde zu früh zu dem Termin erschien. Das machte mich dann noch nervöser. Und wenn ich nervös bin, pople ich in der Nase. Ein Tick, ich kann ihn leider nicht abstellen. Also saß ich eine Stunde lang im Empfangsraum des Verlags, den Finger ständig in der Nase.

Dabei muss ich es wohl übertrieben haben. Als endlich das Bewerbungsgespräch begann, bekam ich nämlich starkes Nasenbluten. Der Chefredakteur und seine Assistentin schauten mich erschrocken an, als das Blut über meinen Bart floss.

Bei Nasenbluten, sagt meine Frau, soll man einen feuchten Lappen in den Nacken legen. Den hatte ich leider nicht zur Hand. Also riss ich meinen Kopf nach hinten und schaute zur Decke. Ich wollte schließlich nicht den schönen hellen Teppich im Besprechungsraum bekleckern. Das würde keinen guten Eindruck machen. Immerhin war dies ein wichtiges Gespräch, bei dem die Weichen für mein weiteres Berufsleben gestellt wurden. Deshalb reagierte ich auch sofort, als der Chefredakteur fragte, ob wir das Gespräch nicht besser verschieben sollten: Nein, nein, das sei nicht nötig, ich hätte häufig Nasenbluten, das sei überhaupt nicht schlimm. Wie häufig, wollte die Assistentin wissen. Ein-, zweimal die Woche, war meine Antwort. Obwohl ich meine Gesprächspartner nicht richtig sehen konnte, merkte ich, dass die beiden sich ein Zeichen gaben. Das Gespräch verlief danach ziemlich schnell. Man würde sich bei mir melden, sagte die Assistentin noch.

Auf dem Heimweg dachte ich an Gott. War das Nasenbluten vielleicht ein Zeichen gewesen? Möglicherweise will man im Himmel nicht, dass ich Redakteur werde. Wahrscheinlich ist es auch ein Zeichen, dass der Verlag nun schon auf meine dritte E-Mail nicht reagiert hat. Soll ich anrufen?

Wie ich einmal einem Gymnasiasten half

Es geht um das Thema »Der wachsende Antisemitismus gegenüber jüdischen Medienschaffenden«. Der Anrufer ist neunzehn Jahre alt und Gymnasiast. Er schreibt gerade an seiner Abschlussarbeit. In der Schweiz schreibt jeder Schüler am Ende seiner Gymnasiumszeit eine wissenschaftliche Arbeit, auf die er dann sein Leben lang stolz ist. Der junge Mann hat folgende These: In den letzten zwei Jahren stehen jüdische Journalisten in der Schweiz enorm unter Druck.

Das hätte etwas mit dem christlichen Judenhass und der aktuellen geopolitischen Lage zu tun. Der angehende Student ist sich da sicher. Ich bin sein erster Gesprächspartner. Die Kinder sind gerade eingeschlafen, und ich habe Zeit für ihn. Er ruft aus seinem Kinderzimmer an. In einer Woche ist Abgabetermin, und er muss mindestens noch ein Interview mit einem verfolgten Juden führen.

Die erste Frage: »Bekommen Sie viele Hassanrufe?« Nein. »Werden Sie auf der Straße angepöbelt, weil Sie ein jüdischer Journalist sind?« Nein. Kurze Pause. »Wie reagieren Sie auf diese bösartigen Reaktionen?« Gar nicht, denn ich bekomme ja keine. Längere Pause. »Ich bin da jetzt kurz aus dem Konzept geraten, tut mir leid. Also, leiden auch Ihre Familienmitglieder unter diesen Attacken?«

Diesmal kurze Pause von meiner Seite. Der arme Junge. In einer Woche muss er seine Arbeit abgeben, und ich vermassle ihm die ganze wissenschaftliche Forschung. Ich kenne das auch aus meiner Tätigkeit. Man recherchiert eine halbe Woche lang zu einem Thema und merkt kurz vor Redaktionsschluss, dass die ganze Geschichte so nicht stimmen kann.

Außerdem ist der Ruf der Schweiz momentan so tief im Keller, da verwundert es das Publikum sicher nicht, dass auch der Antisemitismus gegenüber jüdischen Medienschaffenden in unserem Land wächst und wächst.

»Also, Herr Frenkel, werden Sie nie spätabends angerufen?« Mhm, nein, aber zuweilen liegt morgens ein abgetrennter Schweinskopf in meinem Briefkasten. »Von Antisemiten?« Ja, leider.

»Erhalten Sie denn erst in den letzten zwei Jahren solche Schweinsköpfe in Ihrem Briefkasten? Oder gab es solche Vorkommnisse auch schon vor fünf Jahren?« Erst in den letzten zwei! Ich höre ein kleines Aufjubeln am anderen Ende der Leitung. »Das deckt sich mit meiner wissenschaftlichen Arbeit!«

Ich gratuliere ihm und verdrehe ihm zuliebe noch ein bisschen meine Biografie. Wenn die Abschlussarbeit (im Sommer) rauskommt, muss ich wahrscheinlich ein Asylgesuch stellen. Ich denke, die Sache ist es aber wert. Endlich mal ein Forscher, der nicht plagiiert, sondern seine Fakten selbst zusammengetragen hat. Solche Köpfe braucht Europa.

Boris Becker und der zerrissene
Herr Rosowsky

Es kommt nicht häufig vor, dass ich eine Illustrierte finde. Ich fahre eigentlich nur am Vormittag mit den öffentlichen Verkehrsmitteln, und dann liegen selten Zeitschriften auf den Sitzplätzen. Letzten Freitag jedoch fand ich die *Bunte!* Sie sah ungelesen aus und hatte auf dem Cover einen meiner Lieblingsstars: Boris Becker. Toll! Überhaupt liebe ich diese Illustrierte, sie erinnert mich an meine verstorbene Großmutter, die die *Bunte* auch gerne las.

Ich blätterte in dem Heft, da fiel ein kleines Kärtchen auf den Boden: »Denk an IHN!« Ich wusste nicht, an wen, und vertiefte mich darum weiter in das Sexleben von Boris Becker.

Drei Seiten weiter steckte nochmals ein visitenkartengroßes Kärtchen im Heft: »Würdest du Jesus erkennen, wenn er wiederkäme?« Ach so, daher weht der Wind. Ich schüttelte das Heft, und es fielen etwa zwanzig Kärtchen auf den Boden. Da hat sich jemand viel Mühe gegeben! Ich stapelte sie aufeinander und warf sie in den Müll.

Dann dachte ich an Herrn Rosowsky, der natürlich nicht so heißt. Er betet in meiner Synagoge, sagen wir, hinten links. Und Herr Rosowsky nervt! Er hat die unglaublich blöde Angewohnheit, alle drei Seiten einen Satz laut zu brüllen. Wahrscheinlich versucht er damit, die anderen Mitbeter zu animieren. Vielleicht ist das so ein Tick von ihm, auf jeden Fall lenkt er mich gewaltig ab. Ich beobachte mich nämlich schon dabei, wie ich zwei Seiten bete und auf der dritten Seite nur noch auf Herrn Rosowsky warte und denke: Was wird er jetzt wohl gleich laut singen?

Er schreit nicht nur, nein, er fuchtelt auch mit den Händen und versucht, seine Synagogennachbarn anzutreiben. Ich brauche das aber nicht. Ich bestimme meinen Rhythmus selbst!

Andererseits muss ich Herrn Rosowsky zugestehen: Er meint es ernst. Ich habe ihn in der Synagoge noch nie mit einem Menschen reden sehen. Er führt den Zeigefinger an den Mund, wenn es jemand versucht. Dabei sieht er gar nicht mal aus wie ein Mosche Rabenu. Er ist rasiert und trägt einen schnittigen Anzug.

Ich hasse ihn! Ist eigentlich verboten, man darf einen Juden nicht hassen. Aber ich denke, Herr Rosowsky gilt da als Ausnahme. Er ist sozusagen schuld, dass ich nicht mehr zum Kiddusch gehe. Der Kiddusch dient nämlich mir und vielen anderen Synagogengängern als Ventil. Endlich kann man etwas Luft ablassen und quasseln. Doch Herr Rosowsky steht beim Kiddusch hinter dem Rabbiner und spielt weiter den religiösen Club-Med-Animateur. Er betont tatsächlich jedes zehnte Wort des

Kiddusch-Gebets! Laut und inbrünstig! Mann, mach mal Pause!

Am liebsten würde ich Herrn Rosowsky in zwanzig Kärtchen aufteilen – Rah! Und dann würde ich ihn in so einen kleinen Abfalleimer werfen – Rah! Rah-Rah-Rah! Uff, das tat gut! Danke fürs Mitlesen!

Von Kvetchern und Betern

An einem Schabbat vor nicht allzu langer Zeit saß ich in der Synagoge wie immer an meinem Platz. Seit über zwanzig Jahren sitze ich dort. Ich könnte ihn mit verbundenen Augen finden: Vierzehnte Reihe, dritte Bank von links. Besucher, die sich auf meinen Platz setzen wollen, werden freundlichst weggescheucht: Hier sitze ich, tut mir leid. Häufig habe ich mir schon überlegt, ein schönes Namensschildchen anzubringen. Aber das ist nicht wirklich nötig. Wenn ich etwas später in die Synagoge komme, bewachen meine Synagogennachbarn den Platz.

Gut, ich denke, ich habe jetzt genug über meinen Synagogenplatz erzählt. Machen wir weiter: Ich saß also an einem Schabbat vor nicht allzu langer Zeit wie gewohnt an meinem Platz und machte es mir für ein kurzes Nickerchen gemütlich. Da spürte ich ein Klopfen. Ich versuchte, es zu ignorieren und die Augen zu schließen, doch die Stöße wurden immer intensiver. Ich stand auf und blickte mich um. Da sah ich einen kleinen Jungen hinter mir sitzen. Er mochte vier oder fünf Jahre alt sein. Seine kleine Füßchen reichten nicht bis zum Boden. Darum schwang er mit seinen kleinen Beinchen wie auf einer Schaukel. Dabei stieß er mit seinen kleinen Schühchen ständig an meiner Rücklehne: Bumm, bumm, bumm, bumm!

Eine neue Situation für mich. Ratlos lächelte ich seinen Vater an. Der jedoch stierte mich an, und ich wusste: Papa würde für die Schaukelfreiheit seines Bübchens kämpfen. Ich setzte mich also wieder hin und versuchte, im Siddur zu beten, nachdem an Schlafen nicht mehr zu denken war. Aber das verdammte Hämmern des Jungen störte mich in meiner Konzentration. Ich versuchte, mich leidvoll zu räuspern. Doch nichts geschah. Der Junge trat jetzt sogar mit beiden Füßchen zu. Irgendwann musste er doch müde werden, machte ich mir Hoffnung. Aber das war Wunschdenken.

Ich fühlte mich machtlos. Ein Dreikäsehoch versaute mir tatsächlich den Gottesdienst. Seinen Vater, ein kräftiger Israeli, schien das nicht zu kümmern. Ich begann, mich zu hassen. Warum bin ich nur so ein elender Feigling? Eine Stunde lang ging das so weiter. Ich hatte längst den Faden verloren, wusste nicht mehr, auf welcher Seite im Gebetbuch der Gottesdienst sich befand. Da ging ich raus. Wie gerne hätte ich draußen eine Zigarette geraucht. Aber es war ja Schabbat! Außerdem bin ich Nichtraucher. Ich fluchte still vor mich hin. Ich wusste: Lange halte ich das nicht mehr aus. Und dann brülle ich den Jungen an, darauf wird mir sein Vater eine runterhauen. Ich werde hinfallen, und oben wird meine Frau schreien. Alle Leute werden über mich reden: »Und der ist Grundschullehrer?« Der Rektor wird mich am Montag in sein Büro zitieren … Oh Gott, oh Gott!

Dann ist mir plötzlich etwas eingefallen! Ich ging wieder auf meinen Platz und tat so, als würden mir die Fußtritte wie eine Massage vorkommen. Ich lächelte. Der Gottesdienst war fertig, und alle strömten zum Kiddusch. Jetzt stand ich hinter dem Vater und seinem Jungen. Ich kippte den Inhalt meines Kidduschbechers schön unabsichtlich auf das weiße Hemd des Jungen. Dann stellte ich mich auf die Seite und genoss die Schimpftirade der israelischen Mutter auf den verdutzten Jungen und dessen Vater. Ich kann eigentlich kein Iwrit. Aber an diesem Schabbat verstand ich alles. Ah, wie gut das tat! Rache kann so traubensaftsüß sein!

Nachbars dicker Arm

Ich habe einen neuen Nachbarn in der Synagoge. Sein Vorgänger saß zwanzig Jahre neben mir und ist letzte Woche leider verstorben. Der Neue lebt noch nicht lange in der Stadt. Er ist Amerikaner, hat zwei Kinder und arbeitet irgendwas in einer Bank. Jetzt sitzt er links von mir.

Nach zwanzig Jahren muss ich mich nun an jemand Neuen gewöhnen. Das fällt mir nicht so leicht, schließlich haben mein Ex und ich zusammengerechnet ein Jahr lang nebeneinandergesessen. Der Neue hat sich dagegen nicht mal richtig vorgestellt! Er nahm letzten Schabbat einfach den Platz ein und grüßte mich nur knapp. Ist das höflich?

Und dann ist da noch die Sache mit der Lehne. Es gibt nur eine schmale Armlehne zwischen uns, die höchstens Platz für einen von uns bietet. Zwischen meinem Ex und mir galt ein ungeschriebenes Gesetz, wer wann seinen müden Arm zwischenlagern darf: Ich verzichtete während der Toralesung darauf, durfte mich dagegen während des Gebetes entspannen. Jetzt aber der Neue: fläzt sich einfach so hin und besetzt mit seinem fetten Arm die arme Armlehne!

Ich mag ihn überhaupt nicht, den Neuen. Sein Vorgänger trug dezentes Aftershave, der Amerikaner salbt sich vor dem Gebet regelrecht ein. Das riecht sehr aufdringlich und behindert meine Konzentration. Ich finde, wenn man neu in der Synagoge ist, sollte man sich bei seinem neuen Umfeld vorstellen und sich erkundigen, welches Aftershave angebracht ist und welches nicht.

Man steht auch nicht einfach auf und rezitiert auswendig ein Gebetsstück. Das ist doch nur Prahlerei! Aber genau das macht der Neue: Als hätte er Hummeln im Arsch, steht er alle zehn Minuten auf, guckt nach hinten und singt laut und auswendig. In Amerika ist das vielleicht gang und gäbe, hier in Europa, und speziell in der Schweiz, reißt man beide Arschbacken zusammen und betet leise und inwendig!

Hierzulande beschränkt man sich auch darauf, ein- und höchstens zweimal auf die Toilette zu gehen. Mein Neuer aber steht jede halbe Stunde auf und bittet mich, »sorry«, kurz aufzustehen, damit er durchkommt. Ich habe nachgezählt: Rechts von ihm sitzen mit mir vier Personen, links aber nur zwei. Warum muss er immer bei mir durchgehen – er hätte es doch leichter auf der anderen Seite?

Nein, solche Typen wollen sich überhaupt nicht integrieren. Sie denken nur an sich und ihre Blase. Das beste Beispiel war eben letzter Schabbat. Er bekam einen »Aufruf«. Er stand bei der Tora und schmetterte so richtig ordinär den Segensspruch in unsere altehrwürdige Synagoge. Dann ließ er seine Frau, die beiden Kinder und unseren

Rabbiner segnen. Merken Sie was? Richtig, mich hat er einfach »vergessen«. Normalerweise segnet man auch seinen Banknachbarn, mit dem man in der Regel zwanzig Jahre lang brüderlich die Armlehne teilt. Aber, was solls: Ich werde eh nicht warm mit diesem Mister America.

Beim Kiddusch habe ich ihm dann meinen Rücken zugewandt. Er plauderte mit unserem Präsidenten. Die beiden haben laut gelacht. So ein unsympathischer Kerl!

Warum unser Gott alles hört – und Allah auch

In unserem Haus wohnt so ein Araber, zwei Stockwerke über uns. Er kommt aus Afrika und hört in der Nacht laut Musik. Vor seinem Eingang stapeln sich enorm viele Kleidersäcke in die Höhe. Einmal ging ich nach oben und versuchte, ihn darauf aufmerksam zu machen, dass die Mehrheit der Menschen um ein Uhr morgens schlafen muss. Leider war die Türklingel leiser als die Musik. Ich gab auf und konnte dann doch noch einschlafen.

Er ist mir eigentlich sehr sympathisch. Wir grüßen uns nämlich immer freundlich im Treppenhaus und versuchen, den interreligiösen Dialog hochzuhalten. Mir würden »Guten Tag« und »Tschüss« reichen, mein arabischer Nachbar will jedoch mehr. Mindestens einmal pro Woche fragt er mich, ob ich jüdisch sei. Ja. Er sei arabisch. Ja. Gott oder Allah schauen aber immer ins Herz jedes Menschen, schärft er mir dann ein. Gewiss. Gott oder Allah ist es scheißegal, ob du Jude oder Araber bist, verstehst du? Ja, das leuchtet ein. Wichtig sei jedoch, Bruder, was du für ein Herz hast, ja? Mhm, jaja, bin einverstanden.

Gut, sagt er mir dann immer wieder. Weißt du, und

guckt mich traurig an, ich habe nur noch dreißig Franken bis Ende Monat. Das ist scheiße. Aber du bist ein guter Jude mit einem guten Herzen. Ja, antworte ich, auch du hast ein gutes Herz. Weißt du, Jude, du bist auch ein guter Vater. Merci, danke. Du hast wirklich ein gutes Herz.

Wir bleiben dann immer kurz stehen. Ich atme tief durch und hoffe stets, dass er mich nun vorbeilässt. Aber jetzt hält er mich am Ärmel fest. Krieg ist scheiße! Warum töten die Juden immer die Araber und umgekehrt? Ich weiß es nicht, aber ich versichere ihm eindringlich, dass Gott oder Allah keinen Krieg wollen, dass sie lieber ins Herz schauen. Ja, du bist ein guter Jude, du hast ein gutes Herz.

Manchmal dreht sich unser Dialog so lange im Kreis, bis auch andere Nachbarn zu uns stoßen. Christen, Atheisten. Die meisten gehen an uns vorbei, es gibt aber immer zwei, drei Gesprächsliebhaber, die ebenfalls darüber räsonieren, dass Krieg scheiße ist und Hauptsache sowieso und immer das Herz ist. Letzte Woche waren wir zu viert, die über den Krieg, das Herz und sonst gar nichts quatschten.

Innerlich begann ich zu fluchen. Ich bin ein Jude, lasst mich hier raus! Aber das wäre sehr unanständig gewesen. Ich betete zu Gott oder Allah, dass sie meine wartendwütende Frau zu uns schickten oder meine weinenden Kinder. Doch nichts geschah. Ich betete zu Gott oder Allah, dass mir fortan ein gutes Herz in meiner Brust gedeihen möge. Und da geschah es, meine Frau stapfte uns

entgegen, keifte mich an, warum ich denn so lange rum-
trödle. Die Kinder schreien, und der Abwasch werde nicht
von alleine sauber.

Seufzend und glücklich blickte ich in meine Plauder-
runde. Ich denke, Gott oder Allah kümmern sich einen
Deut um metaphysische Gespräche.

Wie es ist, einmal so richtig männlich zu sein

Schauen Sie, eigentlich bin ich ein ziemlicher Waschlappen. Wenn mir jemand auf der Straße »Hornochse« zubrüllen würde, würde mich das sehr lange beschäftigen. Bin ich wirklich ein Hornochse? Und wenn ja, wie viele? Oder wenn ich mich unten in der Waschküche zum Kleiderwaschen eintrage und der Nachbar von links oben einfach frech und fröhlich seine Unterhosen nochmals bei neunzig Grad durchwirbeln lässt, so reagiere ich nicht gereizt, sondern nehme mir vor, beim nächsten Mal meinen Namen noch deutlicher hinzuschreiben.

Mit unserer Putzfrau habe ich ein ähnliches Problem. Über sie werden wir heute reden. Sie kommt aus einem armen Land, dessen Namen ich gar nicht richtig buchstabieren kann. Wir schreiben ihr immer auf, was sie zu tun hat: »Kleider bügeln und Boden wischen – Danke!« Nach dem »Danke« habe ich immer ein Herzchen gezeichnet, weil ich ja kein Kommandant sein will, der sie aus Boshaftigkeit herumkommandiert. Ich bin eher der jüdische Benjamin, mit ein paar Minderwertigkeitskomplexen. Manchmal habe ich ihr auch eine Tafel Schoko-

lade neben dem Zettel hingelegt. Oder auch Blumen.
Oder viel Trinkgeld.

Die Putzfrau, nennen wir sie Olga, kommt aus einem
anderen Land. Das haben wir schon erwähnt. Ich verstehe sie nie ganz richtig. Sie wäre früher Ingenieurin
gewesen, hat sie mir mal erzählt. Ein großes Haus mit
großem Garten gehört ihr dort unten. Ihr Mann ist vom
Zug überfahren worden, und die beiden Söhne sind er-
folgreiche Ärzte, aber beide leiden unter Depressionen.
So ungefähr geht ihre Lebensgeschichte. Sie redet nicht
so gern mit mir. Warum, weiß ich nicht.

Seit fünf Jahren putzt sie unsere kleine Wohnung. Das
Geld will sie immer am Monatsende. Manchmal habe
ich keine Scheine mehr, dann gebe ich ihr das Kleingeld
aus unserer Zedakabüchse. Weil ich ein künstlerischer
Mensch bin, mache ich schöne Zehn- und Zwanzig-
Rappentürme. Dass die Beträge immer stimmen, können
Sie mir glauben. Ich unterrichtete früher schließlich Ma-
thematik und mache fast nie Fehler.

Seit ein paar Monaten mäkelt Olga aber wiederholt,
ich würde ihr zu wenig geben. Die ersten beiden Male
habe ich ihr mehr Geld gegeben. Meine Frau hat mich
natürlich immer ausgeschumpfen. Mich hat das natürlich
sehr beschäftigt. Bin ich so ein geiziger Jude, der außerdem nicht richtig rechnen kann?

In der vergangenen Woche hatte ich das Geld wieder nicht passend und schlachtete das Sparschwein für die
Kupat Ha'Ir. Ich zählte dreimal nach. Der Betrag stimmte.

Und wieder schimpfte die blöde Olga. Und wieder hätte mich das beinahe erneut beschäftigt. Doch diesmal war ich zum ersten Mal im Leben ein Mann: Ich habe ihr gekündigt! Einfach so. Es hat sich sehr männlich angefühlt, so richtig mächtig!

Schwache Blase

Schauen Sie, die Sache ist so: Ich leide unter einer schwachen Blase. Ich muss etwa zehnmal am Tag Wasser lassen. Leider kommen dann keine Niagarafälle raus; es hört sich eher tropf-tropf-mäßig an. Zum Glück war ich Lehrer, bevor ich mit dem Schreiben begann. Die kurzen 45-Minuten-Lektionen waren wie für meine Blase geschaffen.

Mit der Zeit habe ich mich mit meinem Problem arrangiert. So trinke ich nur noch selten Bier. Einmal in der Woche kämpfe ich aber gegen meinen Harndrang. Und zwar am Samstagmorgen.

Vielleicht muss ich noch vorausschicken, dass ich Jude bin. Der Fußweg zur Synagoge dauert etwa eine Stunde. In der ersten Hälfte sieht man mich fröhlich laufen, in der zweiten eher gequält. Möglich, dass Sie mich schon mal von Bus oder Tram aus gesehen haben. Ich hinke etwas, weil mich die Blase juckt. Der Weg zur Synagoge kommt mir dann vor wie der vierzigjährige Marsch der Israeliten durch die Wüste. Diese Qualen! So etwas wünsche ich niemandem!

Hinzufügen muss ich außerdem, dass ich religiös bin.

Ich darf keine Toilette benutzen, deren Spülung elektronisch funktioniert oder in der man von Animationsmusik begrüßt wird. Also alles, wo ein Stromkreis geschlossen oder unterbrochen wird. Die einzigen Pissoirs, die ich am Schabbat benutzen darf, müssen stinknormal sein. Schade, gibt es in Zürich nur noch wenige davon. Im Stadtzentrum gibt es noch welche. Leider liegen die aber nicht auf meiner Synagogenroute.

Die einzige Toilette, die mir Erleichterung verspricht, kommt erst, wenn ich schon etwa drei Viertel des Weges hinter mir habe. Vielleicht haben Sie mal am Samstagmorgen ein lautes, befreiendes Stöhnen von dort gehört. Sie kennen nun die Hintergründe.

Beim Gehen, bzw. Hinken denke ich häufig nach. Zurzeit beschäftigt mich die Frage, warum es in Zürich, und vor allem in meinem Quartier so wenig Schabbat-konforme Pissoirs für Harndrangschwächlinge gibt. Wir sind doch auch Menschen mit Bedürfnissen! Ich denke, ich rede da mit der Stimme von Hunderttausenden. Aber schön, bitte schön, lieber Fünfsterne-Hightech-Toiletten für dreihundertfünfzigtausend Franken aufstellen. Für so etwas hat die Stadt dann Geld!

Seelenwanderung in
Secondhand-Klamotten

Als ich jung war, beschäftigte ich mich eine Zeit lang sehr intensiv mit dem Thema *Gilgul ha Neschamot*. Das ist hebräisch, stammt aus der Kabbala und bedeutet Seelenwanderung. Immer wieder fragte ich mich, wer meine Seelenvorgänger gewesen waren und wer wohl mal meine Seele bekommen würde. Auslöser war der Tod einer bösen Tante gewesen. Sie war böse, weil sie uns nichts vererbt hatte. Meinen Vater nahm das damals ziemlich mit. Er sagte zu mir: »Tante Paula wird sicher als Dackel wiedergeboren. Das geschieht ihr recht!« Er wusste nicht, was er damit bei mir auslöste. Plötzlich glaubte ich überall in Haustieren die Seelen Verstorbener zu erkennen. Ähnelten die Gesichtszüge unserer Katze nicht sehr denen meines verstorbenen Großvaters? Und hatte der Hamster nicht etwas von dem früheren Religionslehrer?

Von dieser Obsession geheilt hat mich erst Ernst Fuchs. Er war der Mann der Putzfrau meiner Mutter. An einem schönen Sonntagmorgen vor fünfzehn Jahren sackte er plötzlich zusammen und starb. Siebenundfünfzig Jahre alt war er geworden. Trotz des Schocks kam die trauernde

Witwe am Donnerstag danach wieder zu uns, um die Wohnung zu putzen. Mitgebracht hatte sie eine Tasche mit alten Kleidern ihres Mannes, die sie mir überreichte. Der verstorbene Ernst und ich hatten dieselbe Kleidergröße. Ich war zu der Zeit Student und konnte mir keine Klamotten leisten. Aus Mode machte ich mir nichts. So trug ich noch viele Jahre Fuchs' Hosen, Jacken und Hemden auf. Manchmal fragten mich Freunde und Angehörige, ob mir nicht mulmig sei, die Kleider eines Toten am Leib zu haben. Ich verstand die Frage nicht. Die Sachen passten und hatten nichts gekostet. Hätte meine Frau nicht protestiert, hätte ich Ernst Fuchs' guten Anzug sogar zu unserer Hochzeit getragen.

Mit den Jahren wurde ich leider beleibter und passte nicht mehr in Herrn Fuchs' Garderobe. Seit ich berufstätig bin, kann ich mir zudem auch neue Sachen leisten. Also warf ich den Anzug in die Altkleidersammlung. Von Ernst Fuchs' Erbe blieb zum Schluss nur noch ein Aftershave der Marke Denim übrig. Obwohl ich damit äußerst sparsam umging – nur am Schabbat betupfte ich mein Gesicht mit ein, zwei Tropfen –, war die Flasche letzten Samstag definitiv leer. Als ich sie wegwarf, fiel mir plötzlich auf, dass ich fünfzehn Jahre lang Fuchs' Kleidung und Kosmetika benutzt hatte, ohne je einen Gedanken daran zu verschwenden, was wohl seine Seele dazu meinte.

Nein, *Gilgul ha Neschamot* ist für mich kein Thema mehr. Aber eines würde ich trotzdem gerne wissen: Wer trägt wohl nach meinem Tod meinen guten Anzug auf?

Nicht jeder Sammler hütet
einen richtigen Schatz

Er heißt Herr Eder und ist ein Bekannter meiner Mutter. Die beiden wohnen im selben Dorf. Herr Eder ist – und darauf bin ich stolz – ein großer Fan von mir. Früher war mein Fan einmal leitender Angestellter im Dorfladen, heute genießen er und seine Frau den Ruhestand, den Garten und die vier Enkelkinder.

Normalerweise ziere ich mich, von meinen Erfolgen zu sprechen. Anerkennung gehe ich aus dem Weg, ebenso Fernsehauftritten sowie anderen Verehrungen. Mein Werk soll für mich sprechen. Vielleicht lasse ich es in späteren Jahren einmal zu, dass sich namhafte Biografen mit mir beschäftigen. Doch für den Moment wandle ich lieber auf Gottes Wegen und ducke mich, so gut es eben geht.

Andererseits ist Herr Eder aber wirklich ein großer Fan von mir. Und: Er zieht bald in eine kleinere Wohnung. Von meiner Mutter hat er erfahren, dass ich Antiquitäten sammle und bei eBay verkaufe. Das ist ein schöner Nebenverdienst. Mit Schreiben wird man ja wirklich nicht reich. Herr Eder sagte also meiner Mutter, ich dürfe jederzeit zu ihm kommen und mitnehmen, was mein Herz begehre. Er habe vierzig Jahre lang ebenfalls Antiquitäten gesammelt und wolle jetzt, auf seine alten Tage hin, seinen Besitz reduzieren. Als ich dies hörte, meldete ich mich gleich für nächsten Sonntag an.

Wie ich eingangs schon sagte, Herr Eder war früher leitender Angestellter im Dorfladen. Also nicht unvermögend. Vielleicht ein zweiter Gurlitt? Warum sollte Herr Eder nicht Goldmünzen gesammelt haben und sich derer nun entledigen wollen? Ich meldete mich für den Morgen an. Als ich nach längerer Anfahrt vor dem Eingang stand, betete ich kurz: Lieber Gott, lass Deine Güte auf mich herabsinken und mach mich reich. Dann öffnete mir Frau Eder die Tür. An Frau Eder habe ich gar nie gedacht.

Ich schwitzte und fragte, wo ich meine vielen leeren Tüten am besten hinstellen solle. Sie deutete stumm auf ein kleines Zimmer. Ihr Mann lasse sich entschuldigen. Schmerzen. Ich reichte ihr Schokolade. Ein Präsent für meinen größten Fan. Ihr Mann dürfe keine Schokolade essen. Und ob ich die dreckigen Schuhe ausziehen würde. Selbstverständlich. Also, ähm, wo sind die Sachen? Da. Ihr Mann wäre schon seit zwei Tagen bettlägerig. Die Sachen auf dem Tisch dürfe ich aber mitnehmen.

Tisch? Tischchen! Es lagen darauf: Bücher aus den 8oer-Jahren über Israel, Judentum. Vieles von Kishon. Mist. Außerdem: fünf Holzkisten, Spielzeug, Kleider, Mistmistmist! Ich kreiste mehrmals um den Tisch herum. Frau Eder immer dicht hinter mir. Ihren Mann hörte ich oben husten und spucken. Im Radio spielten sie Marschmusik. Neben dem Tisch standen die schönen Sachen: Bilder, Skulpturen, Vasen.

Ich nahm zwei Kishon-Bücher mit und eine Holzlokomotive. Frau Eder begleitete mich noch zur Tür und schloss hinter mir ab. Ich guckte gen Himmel und wollte dem da oben etwas zurufen, da fiel mein Blick auf ein Kishon-Buch: *Undank ist der Welten Lohn.*

Die Münze unter dem Schuh

Als ich letzten Schabbat zur Synagoge ging, bemerkte ich ein Fünfzigrappenstück am Boden. Fünfzig Rappen sind zurzeit etwa fünfzig Cent wert. Ich bin nicht arm, aber wenn ich eine Münze am Boden sehe, hebe ich sie immer auf, sogar, wenn es nur fünf Rappen sind.

Am Schabbat geht das natürlich nicht. Es ist verboten, Gegenstände zu tragen. Ich dachte kurz nach. Theoretisch könnte ich bis Schabbatausgang auf dieser Münze stehen bleiben. Das würde etwa dreizehn Stunden bedeuten. Ich war mir uneins. Wegen fünzig Rappen einen halben Tag regungslos auf einer Münze stehen? Ich dachte an meine Frau und die Kinder. Schließlich an den Kiddusch. Dann ging ich weiter.

In der Synagoge wollten mir die fünfzig Rappen nicht aus dem Sinn. Ich fand das lächerlich. Wenn gerade jetzt Moschiach käme und jeden Einzelnen fragen würde, woran er gerade denke, dann müsste ich – der Wahrheit halber – sagen: »Ich überlege, ob die fünfzig Rappen wohl noch auf der Straße liegen.«

Ich griff mir an den Kopf und versuchte, den Gottesdienst aktiv mitzumachen. Doch leider klappt das nie. Die anderen Beter – so stelle ich mir das immer vor – denken an Gott und seine Wundertaten. Ich hingegen träume. Zum Beispiel, wie viele Meter Papier auf einer WC-Rolle sind oder was ein Rabbiner macht, wenn er in der Synagoge Durchfall hat. Ist es klug, wenn er alle zehn Minuten zur Toilette eilt, oder sollte er nach Hause gehen?

Eigentlich habe ich noch nie einen Rabbiner gesehen, der den Gottesdienst verlässt. Meinen Rabbiner habe ich noch nie auf der Toilette gesehen. Schade. Ich würde nämlich gerne wissen, ob man auf der Toilette »Schabbat Schalom« sagen darf. Eine gute Frage. Die besten Fragen werden leider nie gestellt.

Ich bitte meinen Rabbiner nur einmal im Jahr um seinen Rat. Damit er weiß, dass es mich noch gibt. Es ist immer die gleiche Frage: »Beim Abwaschen ist mir der fleischige Schwamm in den milchigen Topf gefallen. Was mache ich jetzt?« Der Rabbiner fragt dann immer zurück: »Wie heiß war der Schwamm?«, und ich antworte stets: »Normal.« Der Rabbiner denkt eine Sekunde nach und entscheidet: »Kaufen Sie sich einen neuen Schwamm!«

So geht das nun schon seit Jahren. Im Grunde genommen müsste ich den Rabbiner häufiger aufsuchen. Das Malheur mit dem Schwamm ist nämlich nur die Spitze des Eisberges. Wenn ich in der Küche bin, passieren sehr viele halachische Probleme. Die Ursache der meisten liegt in der Geschirrspülmaschine. Wir benutzen sie nur für milchiges Geschirr.

Leider bin ich etwas schusselig und stecke oft zwei, drei fleischige Teller mit rein. Davon weiß außer mir und Gott keiner was. Was soll ich auch machen? Der Rabbi würde sagen: »Neue Geschirrspülmaschine«, und meine Frau: »Verdammt noch mal!«

Ich denke, in einer Partnerschaft muss es auch Raum für Geheimnisse geben. Zum Beispiel, dass ich auf dem Nachhauseweg die fünfzig Rappen in meine Manteltaschen gesteckt habe.

Ein bisschen Image

In letzter Zeit frage ich mich häufig, ob ich ein guter Gastgeber bin. Mir fällt nämlich auf, dass wenige Gäste ein zweites Mal zu uns kommen. Subtrahiert man von dieser kleinen Menge die Verwandtschaft, dann ist es wirklich nur noch eine Handvoll, die mich immerhin so toll findet, dass sie wiederkommt. Augenscheinlich mache ich wenig falsch bei der Gästebewirtung. Meine Frau kocht nicht schlecht, die lärmenden Kinder melden sich nur selten, und bei der Weinauswahl geize ich nicht.

Trotzdem werde ich von Fans nicht überrannt. Seltsam. Dabei zeige ich Neugästen alle meine Schätze. Die alten Bücher, das schöne Geschirr, die Spuren meiner Tochter beim Sofa, Teppich und Vorhängen – und den großen Steinkrug auf meinem Arbeitstisch! Der ist wirklich einzigartig. Seit über zehn Jahren werfe ich Kleingeld, das ich auf der Straße gefunden habe, in den monströsen Krug. Und das ist nicht wenig. Nachgezählt habe ich meinen Schatz zwar nie, dafür müsste ich den Krug zerschlagen, doch so tausend Franken dürften da schon zusammengekommen sein! Meinen Gästen, die ja später immer noch satt werden können, zähle ich dann gerne alle Stellen auf, an denen ich bisher Erfolg hatte. Ich komme da immer in Fahrt! Der beste Fundort ist direkt vor der Kasse im Supermarkt, beziehungsweise darunter, also am Boden. Dort finde ich jeden zweiten Tag Kleingeld, das aus einem Geldbeutel fiel und auf mich wartet. Auch nach zehn Jahren juble ich innerlich, wenn ich ein Fünfrappenstück am Boden erspähe. Ich bücke mich kurz und strahle die Frau an der Kasse an: »Ich habe ein Fünfrappenstück am Boden gefunden!«

Kürzlich wieder: Beim Kiosk beförderte ich ein Zehnrappenstück zwischen den Zeitschriften nach oben und wollte mein Glück gerade hinausposaunen. Da sah ich folgende Schlagzeile: »Blankfein-Bonus: 100 Millionen Dollar!« Lloyd Blankfein ist CEO der amerikanischen Bank Goldman Sachs, und er ist Jude. Er genehmigte sich diesen schönen Bonus, obwohl seine Bank unter die Räder der Wirtschaftskrise kam. Er brüstete sich einmal sogar damit, er würde »Gottes Arbeit« verrichten.

Ich sah den Zeitungstitel und betrachtete mich selber. Ich sehe ziemlich jüdisch aus. Ich trage eine Mütze, einen Bart und Zizit, die manchmal aus dem Hosenstall hervorlugen. In Zeiten wie diesen, so beschloss ich, müssen wir Juden ein bisschen Imagekampagne betreiben. Ich verstand auf einmal, dass mich dieser blöde Geldkrug in Verruf bringen könnte. Die Menschen denken vielleicht: »Typisch Jude: Geld auf der Straße sammeln«. Ich streckte das Zehnrappenstück der Kioskfrau hin: »Ist für Sie!«

Im Bad

Eine Stelle in der Tora hat mich immer fasziniert. Es geht um die inständige Bitte von Moses, das Angesicht Gottes sehen zu dürfen. Zwar wurde ihm das nicht ermöglicht, doch durfte er als Zugeständnis immerhin den Rücken Gottes betrachten. Ich finde diese Episode sehr spannend. Was muss man sich wohl unter dem Rücken Gottes vorstellen? Ist das alles nur metaphysisch oder was?

Seit ein paar Tagen weiß ich aber, dass es Moses vielleicht gar nicht gutgetan hat, die Rückseite Gottes zu erblicken. Vor Jom Kippur war ich nämlich in der Mikwe. Und dort habe ich den nackten Hintern meines alten Religionslehrers gesehen. Er hat mich fast umgehauen.

Einmal im Jahr gehe ich ins rituelle Tauchbad. Immer vor Jom Kippur. Die Prozedur geht zwar schnell vorbei, ich bin höchstens eine halbe Minute im Wasser, doch die Qualen, die ich vorher durchleide, sind sehr schlimm. »Oh Gott«, bete ich stets, »hoffentlich bin ich in der Mikwe alleine.« Ein dummer Wunsch! Vor Jom Kippur gehen sich alle Männer waschen. Dass ich einen einsamen Moment erwische, ist höchst unwahrscheinlich.

Ich habe mich eigentlich in der Umkleide noch nie wohlgefühlt. Während des Duschens nach dem Sportunterricht fürchtete ich mich unentwegt, dass meine nichtjüdischen Kameraden meine beschnittene Vorhaut anschauen wollen. Aber auch zu meiner Zeit im jüdischen Fußballklub suchte ich nach Spielschluss stets die äußerste Dusche.

Wenigstens sehe ich jedes Mal, dass auch die anderen Juden sich genieren, in die Mikwa zu steigen. Die Schlange vor der Mikwa-Türe wird immer leiser, je näher der Moment kommt, sich auszuziehen. Man witzelt blöd rum oder trägt irgendeinen Termin ins Handy ein. Bald ist man nackt und zeigt der jüdischen Gemeinde seinen behaarten Hintern. Wie eben mein verehrter Religionslehrer, über den ich früher alles wissen wollte – außer seiner Anatomie.

Überhaupt empfinde ich die Hohen Tage als sehr intim. Nicht nur, dass man nackt miteinander in der Mikwa planscht, nein, man verbringt in der Synagoge – alles zusammengerechnet – sicher hundert Stunden *skin on skin*. Keine Übertreibung: Ich könnte noch heute zu *Wetten, dass …?* gehen und anhand des Parfümgeruches sagen, welches jüdische Mitglied meiner Gemeinde vor mir steht.

Natürlich werde ich auch nächstes Jahr wieder in die Mikwe gehen. Ich habe nämlich nicht nur den geschätzten Lehrer nackt gesehen, sondern auch meinen langjährigen Intimfeind. Wie soll ich sagen, nackt nebeneinanderzustehen, desorbiert viel Aggressivität. Na ja, könnte doch ein neues Mediations-Rezept werden: Nackt miteinander in die Mikwe springen! Meinen Intimfeind liebe ich aber immer noch nicht (ich bin schließlich nicht Jesus) und bin wieder neidisch auf ihn geworden. Der Blödmann ist – ut vere dicam – einfach besser gebaut als ich. Noch ein Grund, warum ich nicht gerne in die Mikwe gehe.

Versöhnungstag

Der Versöhnungstag beginnt mit langem Kauen. Orthodoxe Juden essen, bevor sie an Jom Kippur fasten müssen, ein Fleischmenü. Der heilige Tag wird sehr anstrengend und erfordert viele Kalorien. Meine Frau hat gekocht, und auf dem Teller liegt nun etwas, das wie Fleisch aussieht. Leider hat sie in der ganzen Aufregung zu spät zu kochen begonnen.

Tränen schießen ihr in die Augen. Schmeckts? Ich guck sie an und dann das Fleisch. Soll ich eines der Zehn Gebote übertreten (Lügen) oder eine Todsünde begehen (Ehestreit)? Ich kaue wortlos und bereite mich innerlich auf den wichtigsten Tag im jüdischen Kalenderjahr vor.

Jom Kippur nimmt im Judentum eine Sonderstellung ein. Zum einen sind da die Verbote. Es wird nicht gegessen und getrunken, vierundzwanzig Stunden lang. Man darf sich nicht waschen oder eincremen. Leichter einzuhalten ist da das Sex-Verbot. Wer will sich schon näherkommen, ungewaschen? Der Tag ist also dominiert von Regeln. Und doch ist er für die Juden der höchste Feiertag, da Gott den Juden alle Sünden verzeiht und ihnen nochmals eine Chance für das neue Jahr gibt. Diese Dualität von Kasteiung und Frohlocken prägt den ganzen Tag.

In Zürich leben gemäß Statistik knapp neuntausend Juden. Die Diversität ist groß. Von chassidischen Juden, die noch im Getto leben, bis zum aufgeschlossenen Juden geht die Spannbreite. Es gibt fünf größere Synagogen und vielleicht zwanzig private Betlokale. Am Samstag kann der geübte Beobachter kleine Wanderzüge zu den verschiedenen Synagogen erkennen. Wenn man will, darf man die Juden in zwei Kategorien einteilen: Einerseits gibt es solche, die mindestens einmal im Jahr in die Synagoge gehen (an Jom Kippur), und andererseits solche, die auch an Jom Kippur nicht gehen und dann ein schlechtes Gewissen haben. Die größte Synagoge in Zürich ist die der Israelitischen Cultusgemeinde, und die zweitgrößte gehört der Israelitischen Religionsgesellschaft.

Dort bete ich. Der Gottesdienst beginnt um 8:20 Uhr, und er wird genau um 20:01 Uhr enden. Dazwischen liegen knapp zwölf Stunden Gebet und vierhundert Seiten Liturgie. Es sind schwierige hebräische Gebetsstücke, die auch in der Übersetzung nicht leichter werden. Manchmal stößt man aber auch auf kurze und prägnante Verse, deren Schlichtheit einen ergreifen: »Unser Vater, unser König! Schreibe uns in das Buch des glücklichen Lebens ein!« Die Texte sind uralt und haben wenig von ihrer Dramatik verloren. Ein längeres Gebet erinnert an die Verbrennung jüdischer Gelehrter in der Römerzeit. Es könnte auch von Auschwitz handeln. Gegen Abend, wenn der

Fasttag immer schwieriger wird, drehen die Gebete nochmals auf: »Der Tag wendet sich, die Sonne zieht dahin und verschwindet langsam, oh, lass uns eingehen in Deine Tore!«

Vierhundert Menschen zitieren solche Sätze in der Synagoge und beten zu Gott, dass er ihrer Bitte nachkomme. Zwischen den Reihen werden auch Schluchzer vernommen. Oder das Husten eines Rauchers, der ebenfalls vierundzwanzig Stunden abstinent leben muss.

In den orthodoxen Synagogen, zu denen auch die Israelitische Religionsgesellschaft Basel zählt, begegnet dem Besucher ein imponierendes Bild. Die Männer tragen weiße Kippot und das weiße Totenkleid. Das soll einerseits Gottesdemut beschwören, andererseits signalisieren, dass an Jom Kippur die Sünden verziehen werden und man wieder eine weiße Weste hat. Die Frauen, die oben auf der Empore sitzen, tragen ebenfalls weiße Kleider. Der Besucher ist zuerst erschlagen und verlegen. Eine geschlossene Gesellschaft, die – trotz Öffnung – an diesem Tag unter sich bleiben will. Geduldet ist der nichtjüdische Hauswart, der nach einem strengen Plan die hohen Fenster aufreißt und zwei Minuten später wieder schließt. Draußen stehen Polizisten samt Hund Bello und dienen zur Abschreckung.

Natürlich beten nicht alle zwölf Stunden lang ununterbrochen. Ich zum Beispiel halte eine Zeitschrift versteckt und blättere heimlich darin, wenn ich im Gottesdienst nicht mehr mitkomme. Andere sind längst eingeschlafen und wachen erst auf, wenn sie geweckt werden – weil sie schnarchen. Die Frauen oben schauen auf ihre Männer runter, und diese gucken ängstlich nach oben. Kinder, aber auch Erwachsene, zählen die Seiten, die noch gebetet werden müssen, und lassen sich von einem Insekt ablenken, das in die Synagoge reingeflogen ist.

Beten kann auch mühsam sein. Der Sitz wird nach zwölf Stunden unbequem, und aus dem Mund des Nachbarn riecht es faul. Jom Kippur ist wie der jährliche Besuch der Schwiegermutter. Das Datum ist bekannt, und man fürchtet sich davor. Irgendwie klappt es aber doch, und man ist froh, wenn die beiden wieder weg sind. Um 20:01 Uhr erklingt der Widerhall eines Horns. Das Signal. Die vierundzwanzig Stunden Fasten sind vorüber.

Treffen sich zwei Etrog-Experten ...

Heute möchte ich vor allem den nichtjüdischen Lesern ein Geheimnis offenbaren – jüdische Leser sind natürlich auch eingeladen. Viele kennen die Bilder, auf denen man Rabbiner sieht, wie sie ihre Augen zusammenkneifen und manchmal sogar mit der Lupe kontrollieren, ob Etrog und Lulav koscher sind. Mein Lieblingsfoto ist schwarz-weiß, und da sieht man einen Rabbiner, wie er seine Brille in den Mund steckt und ein Auge geschlossen hält. Der Mund ist leicht geöffnet, und ein bisschen lugt auch die Zungenspitze heraus. In der Hand hält er den Etrog. Der Etrog ist wahrscheinlich gelb, schwer zu sagen, es ist ja eine Schwarz-Weiß-Aufnahme.

Und jetzt zum Geheimnis: Viele Juden spielen nur! Sie haben keine Ahnung. Null. Beispiel? Beni Frenkel. Ich hatte meinen Lulav in einem großen Saal der Gemeinde gekauft, wo Hunderte von Lulavs verkauft wurden. An den Tischen standen Kinder, die sich ein Taschengeld erhofften, wenn sie den Unwissenden helfen konnten.

Ich selbst habe absolut keine Ahnung, wann ein Lulav

koscher ist und wann nicht. Ich denke mal, wenn er nach unten hängt oder schwarz ist, dann ist er nicht koscher. Selbstverständlich habe ich trotzdem meine gute Briefmarkenlupe mitgenommen. Zehnfache Vergrößerung. Nicht billig. Neben mir stand ein Bekannter, der ebenfalls kein Maimonides ist. Er hatte auch eine Lupe dabei, aber eine, die etwas günstiger ist als meine. Wir standen also nebeneinander und taten so, als wären wir Doktor Lulav. Schlimmer als einen unkoscheren Lulav zu kaufen, ist es nämlich, als jüdischer Simpel durch die Welt zu gehen. Also wie jemand, der gleich von einem Lubawitscher überfallen wird.

Der Bekannte murmelte etwas von »schlechter Qualität«, während ich vom 2008er-Jahrgang schwärmte. Ich hielt meine Briefmarkenlupe so nahe ans Auge, dass ich nichts mehr sehen konnte. Dann tadelte ich meinen Lulav: »Na ja, geht gerade noch so.«

Mein unwissender Bekannter rümpfte ebenfalls seine Nase: »Dieses Jahr muss mein Lulav noch koscherer sein als der vom letzten Jahr.« Natürlich hatte er keine Ahnung. Nur blöd rumquatschen kann jeder.

Sowieso hielt er seinen Lulav verkehrt herum. Ich schüttelte den Kopf und roch am Etrog: »Nussig, ein Hauch von Kirschbaum.« Dann hielt ich ihn gegen das Neonröhrenlicht: »Ausgewogen, koscher, endoplasmatisches Retikulum!«

Mein Konkurrent musste natürlich auch alle Etrogs betatschen und leicht klopfen, als wären wir hier an einem

Markt und kauften Wassermelonen. Nochmals schüttelte ich meinen Kopf und ging Richtung Kasse. Ein Junge mit Schläfenlocken bediente mich und rief mir zu: »Herr Frenkel, Sie haben versehentlich das Etrog-Schaumodell genommen. Das ist aus Plastik!«

Wohin mit dem Lulav?

Immer, wenn das Sukkot-Fest vorüber ist, stehe ich vor einem ungelösten Problem: Wohin mit dem Lulav? Wo kann ich dieses lange Gewächs entsorgen, ohne mich schuldig zu machen? Denn: Der Lulav ist etwas Heiliges, ähnlich wie die Glasschale der schnell beleidigten Schwiegermutter. Man kann weder das eine noch das andere einfach vor das Haus stellen und auf einen Vagabunden hoffen, der beides mitnimmt. Gott und die Schwiegermütter mögen so etwas nicht.

Die Rabbiner haben natürlich einen Ausweg gefunden. Entweder wirft man den Lulav in das Feuer für die Chametzverbrennung, oder man hängt ihn über der Eingangstüre auf. Das soll angeblich Reichtum bringen.

Den Termin im Frühling verschwitze ich immer. Über der Türe hänge ich auch nichts auf, ich weiß gar nicht, ob das die Hausverwaltung gestatten würde. Nein, bei mir stapeln sich die Lulavs im Keller. Zwischen den Weinflaschen und dem Hochzeitskleid meiner Frau. Mit den Jahren werden sie bräunlich und rascheln, wenn man aus Versehen an sie rankommt.

Eine elegante Lösung sieht natürlich anders aus, das versteht sich. Ein bisschen neidisch wird man als Jude schon, wenn man im Januar die vielen verdorrten Weihnachtsbäume auf der Straße sieht, die von der Stadtreinigung einfach so abgeholt werden. Manchmal überlege ich mir, meine Lulavs neben den vielen Bäumchen hinzustellen. Aber da pocht halt wieder mein verdammtes Unsicherheitsgefühl: Darf ich das? Was für eine Strafe erhalte ich für so etwas? Schauen mir die Nachbarn zu? Und so weiter.

Besser hat es da der Etrog, die Zitrusfrucht. Mein sechzehnjähriger Neffe isst den mit Wonne. Ich frage ihn: »Schmeckt der nicht wie eine Zitrone?« – »Ich liebe Zitronen!« Dabei guckt er mit Begierde auf die Frucht. Auch die Hadassim (die Myrte) werden weiterverwendet, nämlich als Gewürz. Man zerstößt sie mit dem Mörser zu Pulver.

Nur der Lulav weigert sich, in der Wiederverwertungskette mitzumachen. Niemand will ihn essen, und niemand will sich mit *Eau de Lulav* einschmieren. Dabei ist er so teuer gewesen. Sechzig Franken kostet er jedes Jahr. Das ist viel Geld für jemanden, der keinen Lulav über der Eingangstüre hängen hat.

Wenn ich im Keller unten bin und wieder einmal über einen der Lulavs stolpere, werde ich manchmal schon wütend. Viel Kram liegt da unten. Lauter Zeug, das man nicht wegwerfen darf. Kinderzeichnungen, die nicht süß, sondern hässlich sind; ein Hochzeitskleid, das an die frühere Traumgröße erinnert; unkoschere Weinflaschen von den

Nachbarn, die mir jedes Jahr zum Nationalfeiertag den gleichen Fusel überreichen und – was sehe ich dort hinten? Meine alten Liebesbriefe …

Nein, nicht alles im Keller ist Schrott. Die Kinderzeichnungen sind eigentlich schon niedlich; vielleicht passt meine Frau ja doch irgendwann wieder in das weiße Kleid. Und die Lulavs? Ach, Gott, dann bleiben die halt im Keller – bis der Messias kommt. Hoffentlich mit einem Umzugswagen.

Nach Sukkot ist vor Sukkot

Nun ist die Sukka endlich in der Garage verstaut. Die Metallgerüste habe ich ordentlich zusammengeschnürt und die Dekorationen der Kinder sorgsam weggeworfen. Der Regen hat sie übel zugerichtet. Die Nachbarn haben auch wieder freie Sicht auf den Garten.

Und jetzt haben sie zudem endlich Ruhe von unserem Ehekrach, der das Haus über die Sukkot-Tage belebte. Der Grund: Dieses Jahr hat meine Frau die Sukka entworfen. In den Vorjahren habe immer ich die Laubhütte errichtet. Nachdem meine Gattin aber wiederholt ihre hübsche Nase über die geringe Größe meiner Sukka rümpfte, ist sie selbst in den Baumarkt gefahren.

Rausgekommen ist eine Sukka, die größer, schöner und stabiler ist als alle meine bisherigen Entwürfe. Sogar an eine Campinglampe hat sie gedacht. Meine Sukkot waren ärmliche Zelte, die bei jedem Windstoß zitterten. Ich ging jeweils in den Wald und schnitt fröhlich Zweige und Äste ab und vertraute auf die Hilfe Gottes, dass am Ende alles hielt. Die Zeit im Wald gehörte nur mir, und ich verbrachte viele Stunden damit, den Wald zu lichten. Zu

Hause ließ ich dann immer die Anatevka-CD laufen und wartete auf eine Eingebung, bis ich mich an die heilige Arbeit wagte. Natürlich entsprach nicht alles den Regeln der Statik, dafür hatte meine Sukka mehr Charakter als die meiner Frau. Und sie war authentischer, erdverbunden und sehr heilig.

Meine Frau versteht von solchen Dingen leider sehr wenig. Ihrer Meinung nach muss eine Sukka stabil sein. Das ist grundfalsch! Sie muss eben noch mehr erfüllen. Stabilität ist zwar schön und gut, aber wie steht es um die Stichworte Gottvertrauen, Zuversicht und die Würde eines gedemütigten Gatten? Ich versuchte, ihr das zunächst leise zu erklären, und habe erst laut geschrien, als sie mir nicht zuhören wollte und ihre »schöne« Sukka in unserem Garten aufstellte. Es geht beim Laubhüttenfest aber nicht um einen Schönheitswettbewerb!

Gott liebt die zerfallenen Sukkot am meisten, die ein Mann mit seinen bloßen Händen aufbaut, weil er keine Ahnung von einer Bohrmaschine hat. Gott liebt auch die Sukkot, bei denen nicht alle Wände gleich hoch sind. Das nennt man eben Authentizität. Das Wort steht im Duden ziemlich nahe beim Wort Auto. Auch etwas, von dem Frauen wenig Ahnung haben. Meine Frau ist nämlich einfach weggefahren mit dem Auto, und so musste ich die Laubhütte selbst in die Garage schleppen! Nächstes Jahr, so schwor ich mir, baue ich meine Sukka trotzdem auf – am besten im Windschatten der Sukka meiner Frau.

Acht brauchen wir noch

Nicht weit von mir entfernt wohnt ein sephardischer Rabbiner. Ich glaube zumindest, dass er Rabbiner ist. Er hat
einen langen schwarz-weißen Bart und ist nicht von hier.
Vor einem Jahr wurde er aus der Gemeinde gekickt, weil
er keine Gemeindesteuer bezahlen wollte. Er grüßt alle
Menschen im Quartier, Juden, Nichtjuden, Hunde, Katzen. Ich glaube, er ist ein bisschen meschugge. Vor einem
halben Jahr hat ihn auch noch seine Frau verlassen. Jetzt
wohnt er alleine und ist noch schrulliger geworden.

Mit allen Menschen kommt er ins Gespräch. Mit dem
Araber schimpft er über die heutige Jugend, mit dem Ge-
müschändler jammert er über die zu hohen Importzölle
der EU, und mit mir beginnt er immer darüber zu diskutieren, ob man in meiner Straße nicht eine Synagoge
bauen könnte. Ich habe ein Herz für Menschen wie ihn
und stimme ihm stets zu. Unbedingt, sage ich zu ihm,
hier wäre eine Synagoge optimal. *Hazlacha raba*, viel Erfolg, rufe ich noch und eile zur Bushaltestelle.

Vor einem Monat hielt er meine Hand fest. »Komm«,
raunte er mir zu, »komm, ich will dir was zeigen!« Er

führte mich auf die andere Straßenseite und zeigte auf ein Gebäude: »Habe ich letzte Woche gekauft!« Bei dem Haus handelt es sich um eine Ruine, die immer wieder von Jugendlichen besetzt wird und der Schandfleck unseres gepflegten Quartiers ist. Daraus will der meschuggene Rabbiner eine Synagoge bauen. Ängstlich folgte ich ihm ins Innere.

Zementsäcke und Abfall lagen herum. Es stank erbärmlich, in der Wendeltreppe fehlten zwei Stufen. »Da oben werden die Frauen beten.« Er zeigte auf ein Zimmer voller Unrat. Wieder wollte ich ihm »Hazlacha raba« wünschen, doch diesmal ließ er meine Hand nicht los. »Du kannst doch Deutsch, schreibe in der Zeitung, dass wir noch acht Männer für den Minjan brauchen. Sie sollen sich bei dir melden. Mach das, mein Freund!«

Ich überlegte lange. Dann fragte ich ihn zögernd, ob er nicht warten möchte, bis zumindest die Treppe repariert ist und wenigstens eine Toilette funktioniert. Er wurde wütend. Warum gute Treppe? Im zweiten Stock werden doch die Frauen beten! Warum soll er für Frauen, die ihn verlassen, eine schöne Treppe bauen? Und draußen, im Garten, da steht doch ein mobiles Klo! So ganz unrecht hatte er nicht, das musste ich zugeben.

Die Tage verstrichen. Natürlich habe ich kein Inserat aufgegeben. Doch mit jedem Tag, der meinerseits untätig verstrich, wurde er wütender. Ich möge doch endlich ein Inserat beisteuern. Die Treppe hätte er übrigens notdürftig selbst repariert, und im Garten stünde jetzt auch ein zweites mobiles Klo für die undankbaren Frauen.

Am liebsten hätte ich den Rabbi mitsamt den Klos auf den Mond geschossen. Doch letzte Woche haben meine Frau und ich gestritten. Über irgendetwas. Ich lief nach draußen, um Luft zu schnappen. Da sah ich den Rabbiner. »Komm«, rief er mir zu, »lass uns Mincha in unserer neuen Synagoge beten!« Das tat ich dann auch. So beteten wir zwei, frauengeplagte Männer, in dieser Bruchsynagoge. Die Treppe ist noch immer kaputt und ein Klo verstopft. Ich suche jetzt aber trotzdem acht weitere Männer. Hätten Sie Interesse?

Nichtjuden

Ich sage es mal so: Es gibt drei Sorten Nichtjuden: die »Aha!«- die »Ahja?«- und die »Hmm«-Gojim. Die »Aha!«-Gruppe kennt das Judentum schon sehr umfassend. Sie haben Efraim Kishon und Philip Roth gelesen. Die Bibel können sie notfalls auch rückwärts lesen, und eine deutsche Taschenbuchausgabe vom Talmud steht zerlesen im Bücherregal. »Ahja?«-Nichtjuden bilden den größten Teil. Sie wissen nichts vom Judentum. Außer vielleicht, dass die Juden sieben Mal täglich nach Mekka beten und dass Koscher ein beliebter Mädchenname ist. Aber, und das macht sie grundsympathisch, sie stellen Fragen wie: »Dürfen Juden Nutella essen?«

Letzten Schabbat hatten wir ein »Hmm«-Pärchen zu Besuch. Er vielleicht Mitte zwanzig, sie nicht viel jünger. Es war Freitagabend. Ich bin eigentlich kein Zeremonienmeister, ich hasse es, jüdisches Theater zu spielen und alles zu kommentieren. Freitagabend geht aber leider nicht ohne Show über die Bühne. Zuerst komme ich aus der Synagoge, segne die Kinder und krächze das *Lied über das tugendhafte Weib*. Meine Gäste behielt ich dabei stets im

Auge. Nach jedem Akt habe ich ihnen die Ursprünge und Bedeutung der einzelnen Gebetsstücke erklärt. Die einzige Reaktion der beiden war ein »Hmm«. Ich wurde ein bisschen nervös. Wahrscheinlich war ich zu schnell und zu hastig gewesen. Beim Kiddusch nahm ich mir vor, langsam zu beten und das Brot in Zeitlupe zu schneiden. Doch auch hier: Keine Miene wurde verzogen. Ich erklärte lange, warum wir Juden Brot anschneiden und einen Segensspruch über den Wein sagen. Ich zog Parallelen zum Abendmahl und so weiter. Doch sowohl er als auch sie: »Hmm«. Als hätte ich eine Dia-Show über Grönland gezeigt.

Ich zog mich in die Küche zurück. Meine Frau bereitete den Gefillten Fisch vor. »Warum schwitzt du?« Tatsächlich, ich transpirierte. »Gefillte Fisch«, sagte ich dann wieder bei Tisch, »essen wir, weil Fisch essen am Schabbat sehr kompliziert ist. Gefillte Fisch«, ich schmunzelte hörbar, »wird so hergestellt: durch den Fleischwolf, ratsch-ratsch.« Die Reaktion: »Hmm«.

Langsam wurde ich wütend. Man kann über das Judentum sagen, was man will. Aber wenigstens eine klitzekleine Frage zu stellen, das dürfte doch Himmelherrgott noch mal nicht zu viel verlangt sein, oder? Ich war nahe dran zu sagen: »So, meine Lieben, zum Nachtisch gibt es eine jüdische Spezialität: meine Sackhaare!« Doch wahrscheinlich hätten sie wieder nur »Hmm« gesagt und alles schön aufgegessen. Ich kochte vor Wut. Meine Frau bemerkte das und winkte mich wieder in die Küche. »Was hast du?« – »Ich gehe jetzt da raus und erzähle denen, dass wir das Tischgebet nackt sagen müssen – jüdisches Gesetz!« – »Das tust du nicht. Die beiden stehen kurz vor der Scheidung. Vielleicht sind sie deswegen so ruhig« – »Hmm«, antwortete ich, ging zurück zu den beiden und lockerte meine Krawatte …

Was das Verschwinden eines Teddys mit Chanukka zu tun hat

Vielleicht haben Sie es gelesen: In Zürich wurde ein Teddybär gestohlen. Er befand sich außerhalb eines Brillengeschäfts auf einem kleinen Hocker. Der Teddy trug eine Plastikbrille und trotzte jedem Wetter. Seit Jahren gehe ich an ihm vorbei und denke jedes Mal: »Immer noch nicht gestohlen!«

Dann berichtete eine kleine Lokalzeitung, dass der Teddybär von Mittwoch auf Donnerstag entwendet wurde. Die Nacht war klar, und es herrschten kalte Temperaturen. Die Aufregung ist natürlich riesig. Wie häufig werden Teddys gestohlen? Im Prinzip könnten es alle Bewohner Zürichs gewesen sein. Möglich ist aber auch, dass es griechische oder spanische Touristen waren. In der Nähe befindet sich nämlich die Jugendherberge.

Ich selber habe den Teddy nur flüchtig gekannt. Am Schabbat lief ich jeweils an ihm vorbei und dachte stets daran, dass er dem Rabbiner sehr ähnelt. Beide neigen zu Korpulenz und zottigem Aussehen. Meine Kinder haben die Neuigkeit natürlich auch mitbekommen. Große Ereignisse sprechen sich in unserem Quartier schnell rum.

Meine Tochter, fünf Jahre alt, hatte gleich einen Verdacht: »Der Dieb war sicher ein böser Goj!« Sie geht in den jüdischen Kindergarten und lernt dort die Vorzüge des jüdischen Volkes. Natürlich war ich gleich zur Stelle: »Beim Dieb kann es sich auch um einen bösen Juden handeln, Liebes.« Aber da war sie total anderer Meinung. Es muss ein böser Goj gewesen sein.

Nun, so abstrus ist dieses erste Täterprofil nicht. Ich kenne keinen Juden in unserem Quartier, der nachts einen hässlichen Teddy stehlen würde. Aber so etwas darf man natürlich nicht laut denken. Sonst heißt es gleich wieder: »Die Juden fühlen sich als etwas Besonderes.«

Im Talmud steht geschrieben (irgendwo): »Alle Ereignisse der Welt geschehen wegen der Juden.« Für die wörtliche Übersetzung will ich aber nicht bürgen. Der Teddyraub geschah also wegen der Juden. Nur, warum? Und weshalb in der Zeit vor Chanukka?

Da ich weiß, dass der Rabbiner gerade in der Hochzeitsvorbereitung seiner Tochter steckt, wollte ich ihn da nicht reinziehen. Und meine Frau putzt ja die ganze Zeit die Wohnung, da will ich sie auch nicht mit komplexen Fragen ablenken. Die Klärung des Problems lag also wieder einmal nur bei mir. Ich zog mich aus und gönnte mir ein schönes Vollbad. Ich überlegte und überlegte. Im Badezimmer wurde es schon ganz neblig. Ich stand auf und trat vor den Spiegel. Mit meinen Fingern schrieb ich – gedankenverloren – Teddy auf Hebräisch, zumindest so, wie ich es für richtig hielt.

Da, mein Atem stockte, leuchteten die Buchstaben auf! Tet, Daleth, Jod, Beth, Resch. Der Zahlenwert, wenn man den letzten Buchstaben weglässt, ergibt 25! Und am 25. Kislew haben die Juden ein Ölkrüglein gefunden! Noch gehen mir die Ausrufezeichen nicht aus! Das heißt! An Chanukka, dem 25. Kislew, wird wieder ein Teddy dort stehen! Wegen uns! Den Juden!!

Ich Weiser aus dem Morgenland

Manche Juden haben ein angespanntes Verhältnis zu Weihnachten. Es ist nicht unser Fest. Aber daran vorbei kommen wir trotzdem nicht. Da hilft auch kein öffentliches Lichteranzünden an überdimensionalen Chanukkaleuchtern in Fußgängerzonen. In der geballten Masse von Tannenbäumen, Nikoläusen und Weihnachtsengeln gehen die Menorot völlig unter.

Ich mag Weihnachten trotzdem. Für mich sind damit angenehme Erinnerungen verbunden. Dem Christfest hatte ich nämlich als Kind meine gelungene Integration in die Klassengemeinschaft zu verdanken. Ich war acht Jahre alt, ging seit Kurzem auf eine neue Schule und durfte dort beim Krippenspiel einen der Heiligen Drei Könige spielen. Eigentlich wäre ich lieber das Jesuskind gewesen. Aber dafür wurden blonde Jungen gesucht.

Welchen der Weisen aus dem Morgenland ich damals verkörperte – Caspar, Melchior oder Balthasar –, habe ich vergessen. Doch an meinen Auftritt selbst kann ich mich erinnern, als sei es gestern gewesen. In der großen Turnhalle kniete ich vor Jesus nieder. Jesus wurde von

Ralph gespielt. Ich konnte ihn nicht leiden. Trotzdem reichte ich ihm großzügig Myrrhe – es kann auch Weihrauch oder Gold gewesen sein. Laut Drehbuch sollte Ralph mich dabei strahlend angucken. Doch der Blödmann schnitt stattdessen die ganze Zeit Grimassen. Ich bekam einen Lachanfall, der nicht mehr aufhören wollte, rannte fluchtartig weg von der Krippe und versteckte mich hinter der Bühne. Vierhundert Mütter und Väter zeigten sich peinlich berührt, allen voran meine eigenen Eltern. Sie waren sehr engagiert im christlich-jüdischen Dialog und machten sich jetzt Sorgen um die Zukunft der interreligiösen Verständigung.

Auch mir war mulmig zumute. Ich würde am nächsten Tag Klassenkeile beziehen, befürchtete ich. Stattdessen wurde mir in der Schule ein regelrechter Heldenempfang bereitet. Alle klopften mir auf die Schulter und gratulierten zu dem gelungenen und witzigen Sabotageakt. Mein Status in meiner Peergroup war ab diesem Zeitpunkt gesichert, dank Jesus, Maria und Josef.

Und bis heute trägt mein Auftritt Früchte. Vor ein paar Tagen kam ich mit meiner Tochter an einer Kirche vorbei, vor der eine Krippenszene aufgebaut war. Sie wollte wissen, was das sei und worum es gehe. Ich war so perfekt in der Lage, ihr die Weihnachtsgeschichte zu erläutern, dass ein älterer Herr mich anschließend beglückwünschte: Es sei selten heutzutage, Eltern zu erleben, die die christliche Erziehung ihrer Kinder noch so ernst nähmen! In diesem Sinne, *Chanukka sameach*!

Gefangen in *Onslaught 2*, Level 127

Ich bin mit der Zuversicht aufgewachsen, dass im Leben alles machbar ist. Egal ob man zehn Kilo abnehmen will, ein Autogramm von Angela Merkel bekommen möchte oder Goethes Faust durchzulesen versucht: Mit eisernem Willen schafft man das alles und noch viel mehr. Selbst Peinlichkeiten sind kein Hindernis. Als ich an der Pädagogischen Hochschule das Pflichtfach »Sport und Bewegung« belegte, musste ich dort einmal zu einem bescheuerten Whitney-Houston-Lied vortanzen. Ich habe zu Hause jeden Morgen vor dem Spiegel geprobt und bei der Prüfung eine gute Note bekommen.

Seit einigen Wochen aber wankt mein Axiom. Es gibt da nämlich ein Online-Spiel im Internet, es heißt *Onslaught 2*, und das zwingt mich langsam in die Knie. Das Spiel geht so: Mit verschiedenen Verteidigungswaffen muss man in jeder Runde zwanzig Gegner vernichten. Die Feinde werden immer stärker, und irgendwann hat man verloren. Bis Level 127 hatte ich es geschafft, bevor ich nicht mehr weiterkam. Die Feinde überrannten meine Verteidigungstürme.

Ich weiß, ich sollte die Finger von solchem Blödsinn lassen. Ich bin immerhin Familienvater, Brillen- und Glatzenträger. Aber kampflos aufgeben ist nicht meine Sache. Tagelang tüftelte ich wie besessen an einer erfolgreichen Strategie, um Level 128 zu erreichen. Ich ging spät ins Bett, spielte in der Mittagspause, vernachlässigte meine Körperhygiene, rastete aus, wenn die Kinder abends nicht einschlafen wollten. Ich bekam nicht einmal mit, dass meine Frau ihre Beine rasiert hatte.

Besonders schlimm war der Schabbat. Ich durfte den ganzen Tag lang nicht spielen. In Gedanken aber war ich bei *Onslaught 2*. In der Synagoge verpasste ich deshalb fast meinen Einsatz beim Tora-Lesen. Der Vorbeter wollte wissen, wen ich zu segnen wünschte. Die ehrliche Antwort wäre gewesen: meine Verteidigungstürme. Gesagt habe ich das natürlich nicht. Wie immer ließ ich Rabbi, Frau, Kinder, Vati, Mutti, Bruder, Bruder, Schwester durchsegnen.

Als ich zurück an meinen Platz ging, bemerkte ich einen Jungen zwei Reihen hinter mir. Ich sehe ihn jeden Tag in der Straßenbahn. Er beschäftigt sich dort die ganze Zeit mit einer kleinen Spielkonsole. »Du, kannst du mir weiterhelfen?«, fragte ich ihn: »Ich schaff bei *Onslaught 2* das Level 127 einfach nicht.« – »Schauen Sie im Forum«, sprach der Kleine mit der Weisheit eines Jedi. Natürlich, dachte ich, das ist die Lösung! Irgendein Spieler wird schon weiterwissen. Und so war es auch. Inzwischen bin ich bei Level 139 angelangt. Das Leben ist wieder schön.

Rote Plasmakanone

Dieses Weihnachten habe ich zum ersten Mal alleine gefeiert. Normalerweise führen wir in der Familie an Heiligabend immer die sogenannte »Nittel-Nacht« durch: Wir dimmen das Wohnzimmerlicht und spielen Karten. In den Generationen vor uns war der Weihnachtsabend ein heikles Datum für die Juden. Häufig kam es gerade dann zu Plünderungen in Judenhäusern.

In Erinnerung daran spielten wir harmlose Kartenspiele. Erdnüsse waren der Einsatz. Den exakten Sinn davon verstehe ich eigentlich bis heute nicht. Was haben Erdnüsse mit den damaligen Verfolgungen zu tun? Egal, Tradition steht über allem.

Als Kind habe ich mich am Weihnachtsabend immer gefürchtet. Ich habe an unsere Nachbarn gedacht. Was wäre, wenn Herr Kuster von nebenan plötzlich Amok läuft wegen der Juden, die den Heiland umgebracht haben? Herr und Frau Kuster waren eigentlich ganz nette Nachbarn. Er trank gerne etwas über den Durst. Und Frau Kuster ist auch einmal vor Wut explodiert, weil ich ihrem Hund versehentlich auf den Schwanz getreten bin.

In der Talmudsprache nennt man das einen *Kal waChomer*: den Schluss vom Leichteren auf das Schwerere. Frau Kuster explodiert wegen des Schwanzes, Herr Kuster explodiert dreimal wegen Jesus.

Dieses Jahr ist anders. Meine Frau ist mit den Kindern nach Israel gefahren. Sie will dort ihre Verwandten besuchen und ihnen unsere Kinder präsentieren. Mir ist das recht. So habe ich viel Zeit, bis tief in die Nacht Online-Games zu spielen. Anspruchsvoll sind sie nicht. In einem Spiel geht es darum, meinen Turm zu bewachen und die anrückenden Feinde mittels verschiedener Waffen zu zerstören. Es gibt 300 Level. Mein bisheriger Rekord ist drei Jahre alt und liegt bei Level 234, da bekam meine Frau Wehen. Aber dieses Jahr bin ich ja alleine und habe bis zum 2. Januar Zeit. Level 250 will ich schon noch erreichen in meinem Leben, denn ab dieser Spielstufe erhält man eine rote Plasmakanone, die den Feind innerhalb von drei Sekunden verglühen lässt.

Auch am Weihnachtsabend habe ich meinen Turm bewacht. Irgendwann klopfte es dann an der Tür. Erschrocken fuhr ich zusammen. Herr Kuster! Aber der lebt ja nicht mehr. Ich bewegte nur noch den Zeigefinger, um eine neue Welle von Feinden zu töten. Wieder klopfte jemand. Hätte ich doch schon die rote Plasmakanone! Ängstlich ging ich an die Tür. Draußen stand Herr Ackermann von oben links. Er war wütend, aber nicht wegen uns Juden, sondern wegen der Waschküche. Meine Frau hatte sich für den Abend eingetragen.

Herr Ackermann war jetzt dreimal unten, und wir haben noch gar nichts gewaschen! Also wirklich! Er müsse ganz dringend waschen, und es sei doch verboten, sich einzutragen und dann nicht zu waschen. Ich gab ihm recht und entschuldigte mich. Herr Ackermann war sehr überrascht von meiner Reaktion. Na ja, so schlimm wäre es auch nicht und trotzdem schöne Weihnachten.

Da fuhr ich zusammen. Ich Depp. Ich habe nicht auf Pause gedrückt. Mein Turm wurde eingenommen und das bei Level 229!

Beten mit Espresso

Ganz unter uns: Ich leide an ADHS, also unter Aufmerk-samkeitsdefiziten. Wenn meine Frau zum Beispiel mit mir streitet, höre ich nur mit halbem Ohr zu. Oder wenn mich früher die Mutter eines Schülers angerufen hat und da-rüber diskutieren wollte, warum Janki die Strafaufgabe unmöglich bis morgen schreiben kann, dann sagte ich einfach: »Ja, okay«, und hängte auf.

Sogar als ich heiratete, konnte ich mich bei der Ze-remonie nicht richtig konzentrieren. Der Rabbi sprach über die Wichtigkeit von irgendetwas, aber ich guckte immer nur die brennende Kerze an, die meine Mutter in den Händen hielt. Sie tropfte. Ein Tropfen, zwei Tropfen, der schöne Parkettboden war übersät mit Wachsflecken. Und der Rabbi redete und redete. Eine Qual sind für mich auch die langen Gebete am Schabbatmorgen. Nach zehn Minuten bin ich eigentlich schon fertig mit meiner Zwie-sprache mit Gott. Ich flehe ihn an um Reichtum, kluge Kinder, schöne Ehestunden und um Weltfrieden. Danach ist mir langweilig. Ich betrachte die maurischen Orna-mente der Synagoge und versuche, sämtliche Kreise an der Ostseite zu zählen. Ich komme auf dreiundsiebzig. Wenn ich damit fertig bin, bete ich noch mal um schöne Ehestunden. Dann gerate ich in ein Loch.

Doch letzten Schabbes habe ich endlich Abwechslung gefunden, die mir Kraft für zwei weitere Betstunden gibt. Als der Vorbeter mit der Lesung der Haftara begann, schlich ich mich nach draußen. Mir war sehr langweilig, darum ging ich in den Keller der Synagoge. Der ist seltsamerweise immer offen. Ich tastete mich vor und erblickte den Werkraum unseres Synagogendieners. »Mal was anderes«, dachte ich mir und begann, die Werkzeuge zu zählen. Ich öffnete eine Nebentür und stand vor einer Kaffeemaschine. Toll! Ich machte mir einen extra starken Espresso und trank ihn genüsslich. Das tat gut. Ich genehmigte mir einen zweiten und schüttete fünf Löffel Zucker in die schwarze Brühe. Das wirkte wie ein Energy-Drink.

Ich rannte wieder hoch in die Synagoge und nahm schwungvoll den Siddur zur Hand. Ich holte die Gebete nach, die ich verpasst hatte, und las außerdem die Zehn Gebote und die Dreizehn Glaubenssätze des Rambam nach. Die habe ich schon seit vielen, vielen Jahren nicht mehr gebetet. Das Koffein machte aus mir einen Superbeter. Die Konzentrationsschwäche war dahin. Ich betete für mich, meine Frau, die Kinder, meine ehemaligen Schüler, deren Mütter und Väter. Ein Spezialgebet erhielten auch die Kaffeemaschine und der Synagogendiener.

Mit ihm schloss ich nach Schabbatausgang einen Deal: Hundert Franken pro Monat für kostenlose Benutzung seiner Kaffeemaschine – außerdem erzählt er dafür auch niemandem von der Sünde, dass ich am Ruhetag die Maschine benutze.

Gebetbücher gegen Langeweile

Einmal war mir im Gottesdienst sehr langweilig. Vor uns lag einer der größeren Wochenabschnitte. Das war aber nicht der Grund meiner inneren Unruhe. Es war der Vorbeter! Ich habe ihn vorher noch nie bei uns gesehen, offenbar war heute seine Premiere. Er war alles in allem eine »L-Erscheinung«: langsam, leise, lispelnd und langweilig.

Der Mann rechts neben ihm flüsterte ihm nach jedem Satz zu, wie es weitergeht. Ich begann, auf die Uhr zu schauen. In solchen Momenten verfluche ich meinen Berufsstand. Damals war ich noch Grundschullehrer und konnte bei langweiligen Gottesdiensten nicht einfach abhauen. Irgendwo saß sicher ein Schüler, der zu mir rüberschielte.

Andererseits spüre ich in solch langatmigen Momenten, dass die Muskeln unter meinem Toches schlecht trainiert sind. Ich rutschte von einer Pobacke auf die andere und verfluchte den Vorbeter. Der bekommt hundertfünfzig Franken für sein Gekrächze und ich Hämorrhoiden.

Nun, wie jeder Synagogengänger weiß, wird der Wochenabschnitt in sieben Teile gesplittet. Also noch mehr Langeweile. Ich begann langsam durchzudrehen. Es zeigte sich, dass der Vorbeter mit jedem Abschnitt immer miserabler wurde. Es war wie bei einem Gastgeber, der einem schlechtes Essen auftischt: Mit jedem Bissen wird es noch unerträglicher. Nach der vierten Unterbrechung bin ich dann aufgestanden. Mir war jetzt völlig egal, ob die ganze Schulklasse hinter mir saß.

Ich ging zur Bücherwand mit den Gebetbüchern und Bibelerklärungen und tat so, als würde ich einer besonders schwierigen Textstelle auf den Grund gehen. In Wirklichkeit blätterte ich wahllos in den Büchern rum. Das tat mir gut. Es war wie kühle Luft bei schwülem Wetter.

Im obersten Regal lagen die Machsorim, die Gebetbücher für die Feiertage. Ich nahm eins nach dem anderen in die Hand – und wunderte mich. Auf der ersten Seite stand jeweils der Name des ursprünglichen Besitzers. Fast alle habe ich gekannt. Sie sind mittlerweile tot. Nachdem sie gestorben waren, haben ihre Nachkommen die Gebetbücher entweder in der Synagoge vergessen oder kein Interesse daran gezeigt. Auf jeden Fall liegen jetzt von fast allen verblichenen Gemeindemitgliedern Siddurim in der Synagoge.

Ich blickte zum Vorbeter, hörte nochmals kurz seinem grauenhaften Gejaule zu, und fürchtete mich plötzlich: Vielleicht sind sie alle bei solchen Darbietungen gestorben! Vielleicht liegen deswegen diese Unmengen von Gebetbüchern in unseren Synagogen, als Memento mori und stiller Vorwurf an die Vorbeter.

Uff! So viele trübe Gedanken an einem sonnigen Schabbatmorgen! Der Gottesdienst war ja auch schon beinahe fertig. Als einer der Ersten rief ich später beim Kiddusch ein bisschen lauter als sonst: *»Lechajm«*, auf das Leben!

Frustrationen eines Pädagogen

Ich war im Hauptberuf Lehrer. Und keiner von der anti-autoritären Sorte. Wenn ich das Klassenzimmer betrat, standen die Schüler auf und warteten auf mein Zeichen, bis sie sich setzen durften. Gähnen, Rülpsen oder Furzen duldete ich nicht. Schüler, die nicht aufpassten, kriegten von mir eine Verwarnung oder gleich eine Strafarbeit verpasst. Besonderen Wert legte ich auf Schönschrift. War ein Aufsatz schlampig geschrieben, konnte es passieren, dass ich zum Hulk wurde und das Schulheft zerriss.

Unter den rund zweihundert Schülern, die durch meine pädagogischen Hände gegangen sind, gab es nur einen, der sich gegen mich zur Wehr gesetzt hat: Schiele Lewin. Oh Gott, wenn ich an diesen Nudnik zurückdenke! Vor etwa acht Jahren saß er in meiner Klasse. Schiele weigerte sich nicht nur standhaft, die Schönschrift anzuwenden. Auch in Mathematik wollte er nicht so subtrahieren, wie ich es an der Wandtafel vorgemacht hatte. Er störte ständig den Unterricht. Einmal habe ich ihn sogar dabei erwischt, wie er unter der Bank einen Damenbademoden-katalog studierte.

Gegen Schiele war kein Kraut gewachsen. Ich brüllte ihn an, versuchte, mit den Eltern zu reden, drohte mit Schulausschluss, doch nichts fruchtete. Nach drei Monaten war ich mit meinem Latein am Ende. Um meine Nerven und meine Stimme zu schonen, gab ich schließlich auf und ließ ihn sein Ding machen.

Jetzt habe ich Schiele wiedergetroffen. In der Synagoge. Er lerne inzwischen, sagte er, in einer Jeschiwa. Ich fragte, ob er denn dort erfolgreicher sei als in meinem Unterricht. Schiele grinste: »Wissen Sie, Herr Frenkel, hauptsächlich mache ich Daytrading!« Ich guckte ihn dumm an. »Ich handle mit Silber.« Ich dachte an seine schlechten Mathenoten. »Weiß dein Vater, was du mit deinem Taschengeld anstellst?« Schiele grinste noch frecher: »Taschengeld? Ich bewege fünfstellige Summen!«

Mir fielen sein Borsalino-Hut und der teure Anzug auf. Mein ehemaliger Schüler schien meinen Blick bemerkt zu haben und schüttelte seine rechte Hand: Eine sehr teure Uhr kam zum Vorschein. »Und Sie, Herr Frenkel? Unterrichten Sie immer noch Schönschrift?« Mir fiel nichts Gescheiteres ein, als mit »Ja« zu antworten.

Niederlagen stecke ich nicht gut weg. Seither sinne ich auf Rache. Ich habe angefangen, im Wirtschaftsteil der Zeitung die Silberkurse zu studieren. Ein Experte meint, die Preise würden bald dramatisch sinken. Ich freue mich schon darauf. Dann wird Schiele Lewin reumütig zu mir kommen, um endlich Schönschrift zu lernen. Es sei denn, der kleine Ganeff hat auf fallende Kurse gesetzt.

Malheur in der Herrentoilette

Irgendwann zwischen zehn und halb elf passierte es: Die Toilette funktionierte nicht mehr. Wir waren gerade mitten in der Toralesung, als ein Beter die Nachricht herumreichte. Natürlich schrie er nicht laut: »Die Toilette ist kaputt!«, sondern flüsterte leise seinem Nebenmann zu, dass unten das Wasser überläuft. Der wiederum boxte sachte seinen Nachbarn, und der gab den Vorfall gleich weiter. Es dauerte nicht lange, bis alle Kenntnis davon hatten und unruhig auf ihren Sitzen wippten.

Ich hatte Glück. Ich war schon um neun Uhr nach unten gegangen. Die alte Männertoilette war das Einzige, das bei der Gebäudesanierung vor zehn Jahren unangetastet geblieben war. Über dem Toilettenbecken baumelte eine Reißleine, an der man ziehen musste, um zu spülen. Ich schätze, die Konstruktion hat etwa achtzig Jahre auf dem Buckel. Im Winter war die Klobrille arschkalt.

Nun, die Sache war uns allen peinlich. Aber am Schabbat ließ sich nichts machen. Keiner von uns Betern ist Toilettenprofi. Wenn es zu Hause nicht flutscht, rufen wir den Klempner. Am Schabbat aber ist das nicht erlaubt.

Nun waren wir alle erwachsene Männer, Kinder waren an diesem Schabbat keine in der Synagoge. Der Gottesdienst würde noch etwa eine Stunde dauern. Der Rabbiner hatte die Nachricht bestimmt auch schon erhalten und sich im Geiste eine Kürzung seiner Schrifterklärung vorgenommen. Um elf Uhr spürte ich ein Ziehen im Unterleib. Nun, ich habe eine schwache Blase und reagiere sehr sensibel auf Veränderungen. Verflucht, dachte ich mir, warum haben wir acht Torarollen, aber nur eine einzige Männertoilette? Warum spendet niemand eine zweite? Im Namen seiner verstorbenen Schwiegermutter?

Um zehn nach elf wurde ich wütend. Herr Korolnik wurde zur Tora aufgerufen und wollte sämtliche seiner elf Enkel namentlich segnen lassen. Dann seine Frau, den Rabbiner, den Vorbeter und schließlich alle anderen Anwesenden. Das dauerte!

Um zwanzig nach elf dachte ich zum ersten Mal an die Frauentoilette. Oben auf der Empore befanden sich nur drei ältere Damen. Sie saßen nebeneinander und guckten auf uns runter wie Statler und Waldorf, die beiden missmutigen Männer aus der Muppetshow. Was würden die über mich denken, wenn sie mich auf ihrer Toilette stöhnen hörten?

Andererseits, die Blase! Es wurde jetzt wirklich immer unbequemer. Ich dachte an die Muslime. Die beten fünfmal am Tag, aber geht es bei ihnen auch so lange? Haben die auch unbarmherzig langsame Kantoren und

Menschen, die das Kaddisch wie Kaugummi ausdehnen können?

Da, das letzte Amen! Ich rannte los. Herr Briner kam aus der Toilette. »Die ist doch kaputt?«, fragte ich ihn gequält. »Nö, wir haben nur ein Problem mit der Lüftung, es stinkt bestialisch.« Das war mir so egal!

Jede Religion hat ihre depressiven Momente

Ich denke, jede Religion hat ihre depressiven Momente. Für dreißigjährige christliche Singles ist Heiligabend bei den Eltern sicher kein Honigschlecken. Und unverheiratete Muslime kennen wohl schönere Augenblicke, als das Ende des Ramadans mit der Großfamilie zu feiern, mit dem jüngeren Bruder, der schon drei Kinder hat.

Und die Juden? Nun, wir kennen den Gemeindesedder. Der ist ziemlich brutal. Für Uneingeweihte eine kurze Begriffserklärung: Jede größere Gemeinde führt in einem Zimmer einen gemeinsamen Pessach-Abend (Sedder) durch, wo vor allem alte Leute hinpilgern. Man sitzt an Sechsertischen und hört dem Rabbiner zu, wie er die Haggada vor sich hinnuschelt. Der Rabbiner, der eigentlich auch lieber zu Hause wäre, versucht, den Anlass so schnell wie möglich über die Bühne zu bringen und auch in Hinblick auf die letzte Zugverbindung das Ganze ein bisschen abzukürzen.

Eigentlich darf man nichts essen und nicht reden, bis man die Haggada fast durchgelesen hat. Das hält aber Nichtwissende, beziehungsweise Hungrige, nicht davon ab, die Pessach-Schüssel langsam, langsam abzuweiden. Der Wein für die vier Becher der Erlösung ist dann leer, wenn der Rabbiner versucht, ein Liedchen anzustimmen. Unruhig rutschen die Leute in ihren Sitzen und fragen ihre Sitznachbarn, ob sie auch ein Taxi nehmen und ob man vielleicht gemeinsam fahren könne. Kinder rennen durch das Zimmer und kommen triumphierend zurück, weil sie die Toilette erfolgreich verstopft haben.

Ich war zwei Mal an einem Gemeindesedder. Das eine Mal saß ich an einem Tisch mit geschiedenen Männern, das andere mit Menschen, die nach ihrem Alter zu schließen beim Auszug aus Ägypten dabei sein hätten können. Beide Male war ich mit meiner Frau, damals Freundin, dort. Die geschiedenen Männer versuchten, an sie ranzukommen, und die Patriarchen fragten sie aus, ob sie denn nicht heiraten möchte. Der traurige Anlass, das schlechte Essen und die lärmenden Kinder verleiteten mich, mehr als die vorgesehenen vier Becher Wein zu trinken. Kurzum, ich war sturzbetrunken und torkelte zur verstopften Gemeinde-Toilette. Dort blieb ich bis zum Auszug der Gäste aus der Synagoge. Meine Frau, damals Freundin, befreite mich dann aus der Damentoilette. Ich glaube, das war eine ziemlich schwierige Prüfung für sie: den Freund aus der Damentoilette zu zerren vor den Blicken der Patriarchen.

Ich habe meine Lektion gelernt. Ich bin seitdem clean, trinke nur noch Traubensaft und gehe nicht mehr zum Gemeindesedder.

Zweimal Pessach

Wenn Sie diese Zeilen lesen, feiere ich gerade Pessach, das jüdische Osterfest. Pessach dauert acht Tage. Die jüdischen Frauen müssen vor dem Festtag die ganze Wohnung putzen, schrubben und fegen. Kein Krümel Brot darf in der Wohnung herumliegen. Männer gehen in dieser Zeit ihren Frauen am besten aus dem Weg. Nur am Abend vor dem Fest müssen sie zurückkommen und die ganze Wohnung kontrollieren. So verlangt es das Gesetz. Der Mann schaut nach, ob die Frau gut geputzt hat.

Das sind dann in der Regel keine schönen Momente. Wahrscheinlich ergeht es dem Iran ähnlich, wenn wieder eine UNO-Inspektionstruppe vorbeikommt und die Anlagen nach Uran inspiziert. Meiner Frau habe ich dieses Jahr empfohlen, in die Badewanne zu steigen und ein Eis zu essen.

Im Kerzenschein, als ich die Wohnung kontrollierte und in jede Ritze guckte, dachte ich an das viele Essen, welches die Juden vor dem Fest wegwerfen. Manche verbrennen auch Brot, Croissants und Kuchen. Ich finde das nicht okay. Ich habe es anders gemacht. In der letzten

Woche habe ich viele Lebensmittel vor unser Haus gestellt. Sonnenblumenöl, Kekse, Spaghetti.

Alles wurde mitgenommen, manches sogar innert weniger Stunden. Könnte man, dachte ich mir, dies nicht institutionalisieren? Zweimal Pessach! Die Juden geben ihre Esswaren der Wohlfahrt oder dem launischen Antisemiten im Haus? Würde das der friedlichen Koexistenz der Religionen nicht förderlicher sein als sämtliche Kolloquien und Vorträge? – Natürlich!

Der Waschküchenschlüssel reloaded

Es gibt sehr viele tiefsinnige Sprüche über Jerusalem: »Zehn Maß Schönheit kamen auf die Erde herab. Jerusalem bekam davon neun Maß« (Talmud), »Wenn ich dich je vergesse, Jerusalem, dann soll mir die rechte Hand verdorren« (Psalmen) und »Jerusalem, das ist wie die Waschküche in unserem Haus« (B. Frenkel).

Zu beiden, Jerusalem und Waschküchen, habe ich ein zutiefst persönliches Verhältnis. Zu Jerusalem aus den bekannten Gründen (siehe oben), zu Waschküchen, weil ich in einer mein erstes erotisches Erlebnis hatte. Ich war zwölf und schnüffelte an der Unterwäsche von Frau Gerhard, unserer Nachbarin. Sie roch himmlisch nach Jasmin, Frühling, Vanille und Frau Gerhard. Dabei hatte ich in der Waschküche eigentlich nichts verloren. Um meine dreckigen Klamotten kümmerte sich meine Mutter, ich musste lediglich darauf achten, die Socken unzerknüllt in den Wäschekorb zu werfen. Soweit ich mich erinnern kann, habe ich selbst das nicht immer zuverlässig hingekriegt.

Nach diesem ersten einschneidenden Kontakt dauerte

es etwa fünfzehn Jahre, bis ich wieder mit Waschküchen in Berührung kam. Ich wohnte im jüdischen Studentenwohnheim und lernte dort, dass die Waschküche ein hochsensibler Ort ist. Ich erinnere mich noch, wie ein feinsinniger israelischer Musiker die Nerven verlor, als ich zweimal hintereinander seine nasse Wäsche zu früh aus der Maschine genommen hatte. Mit seinen zarten Geigenhänden hämmerte er, rasend vor Wut, an meine Tür. Einem Studenten der Architektur hingegen konnte die Wäsche nicht lang genug im Wäschetrockner herumgeschleudert werden. Zwei, drei Stunden lang reservierte er die Trommel für sich.

Nach meiner Heirat lernte ich Waschküchenlektion Nummer zwei: Frauen werden hysterisch, wenn sie sich in der Waschküche ungerecht behandelt fühlen. In dem Haus, in dem ich wohne, teilen sich dreizehn Mietparteien eine Waschmaschine. Man muss sich in einer Liste eintragen, wenn man waschen will. Die handschriftlichen Bemerkungen, die dort zu lesen sind, künden von den Leiden Evas: »Welches verdammte Schwein hat von meinem Ariel geklaut?«, »Können Sie sich bitte (wie alle anderen normalen Menschen) an die Zeiten halten?« oder einfach »Blöde Sau!«.

Ich habe lange nachgedacht, wie der Friede in unserer Waschküche wiederhergestellt werden könnte. Womit wir wieder beim Thema Jerusalem wären. Wohl nirgends auf der Welt müssen sich verfeindete Parteien auf so engem Raum verständigen wie in der Heiligen Stadt – und in unserer Waschküche. Was am einen Ort der Streit um den Zugang zum Tempelberg, sind am anderen die Differenzen um die Benutzung des Trockners. Und beide Konflikte eskalieren ständig, statt dass man sie beilegt.

Ich weiß auch keine Lösung. Weder für den zweitausend Jahre alten Streit um Jerusalem noch für den wohl noch viel älteren Zwist in der Waschküche. Ich denke aber, dass man seine Kleider nicht immer bei neunzig Grad waschen muss, vierzig Grad im Schongang reichen auch. Übertragen auf Jerusalem, heißt das jetzt … was weiß ich. Darüber sollen sich Abbas und Netanjahu die Köpfe zerbrechen.

Fremde Logik

Die Rabbiner haben im Judentum eine unangefochtene Stellung. Wenn der Rabbiner meint, das Hühnchen wäre unkoscher, muss man es wegschmeißen. Und wenn er findet, du würdest nicht genug beten, musst du mehr schockeln. Im Talmud steht sogar: »Wenn unsere Weisen dir sagen, dass links rechts und rechts links sei, so musst du ihnen glauben!«

Mit dieser Passage hatte ich immer meine Schwierigkeiten. Als selbstständig Denkender mag ich es überhaupt nicht, fremden Logiken zu folgen.

Mit der Heirat hat sich das aber geändert! Nicht schlagartig, eher evolutionär. Ich kann es mittlerweile verstehen, dass chassidische Gruppen dem Rabbi zuliebe ihre Denkmuster ändern – ich tue es inzwischen meiner Frau zuliebe auch. Was lohnt es sich zu streiten, denke ich mir manchmal, tu doch einfach, was sie für richtig hält.

Ein kleines Beispiel mag das vielleicht illustrieren: Meine Frau findet, ich sei dick. Lächerlich! Was habe ich nicht schon alles versucht, um ihr zu erklären, dass ich nicht dick, sondern mollig beziehungsweise mopsig wäre.

Sie versteht meine komplizierte Definition für dick nicht: Dick ist man erst, wenn man seine Füße unter dem Bauch nicht mehr sehen kann. Ich hingegen sehe meine Zehen sehr wohl noch.

Auch hat sie keine Ahnung, wie eine Diät funktioniert. Für sie ist links rechts und umgekehrt. Nach Pessach meinte sie tatsächlich, Joggen oder Schwimmen würde mir beim Abnehmen helfen. Und wieder konnte ihr weibliches Gemüt nicht nachvollziehen, dass ich mit einem gemütlichen Spaziergang die gleiche Wirkung erziele.

Natürlich habe ich auch in diesem Punkt auf ihre Linie eingelenkt. Mit der Heirat, so scheint mir, muss die einleuchtende, männliche Intelligenz manchmal der weiblichen Logik den Hof machen. Überhaupt möchte ich diese Erkenntnis jungen Ehemännern mitgeben, die jetzt im Wonnemonat Mai heiraten wollen.

Aufklärung

Zürich, Zentralstrasse, dritter Stock. In einem alten Haus, da wohnt Rabbiner Bollag. Die Wohnung: in die Jahre gekommen, Spannteppich, röhrender Hirsch an der Wand, vielleicht drei Zimmer, großes Esszimmer, daneben Studierzimmer. Rabbiner Bollag sitzt da viele Stunden. Vom Boden bis zur Decke stapeln sich Bücher. Auch der Tisch ist übersät davon. Alte Bücher, großformatig, fleckig und durchblättert. An den Seitenrändern viele Notizen des gelehrten Rabbiners.

Ich saß neben ihm. Drei Wochen vor meiner Hochzeit. Rabbiner Bollag klärt mich auf. Er hat ein Buch geschrieben, es heißt *Die Heiligkeit der jüdischen Frau*. Ich werde fünfmal mit ihm lernen. Es geht darum, dass ich gut vorbereitet bin und das komplizierte Wesen der jüdischen Frau wenigstens ein bisschen kapiere. Rabbiner Bollag streicht sich über seinen weißen Bart.

Der Gelehrte weiß alles über Frauen, schließlich hat er ein Buch über sie geschrieben. Im Judentum sind die Frauen eigentlich wichtiger als die Männer. Jüdisch ist, wer eine jüdische Mutter hat. Frauen, der Rabbi guckt mich an, haben manchmal ihre Tage, dazu aber später. Denn jetzt schlurft seine Frau ins Studierzimmer. Sie bringt uns selbstgebackenen Marmorkuchen. Ihr Mann bekommt einen Kaffee, ich eine Brauselimonade. Mir ist ein bisschen unwohl, Frau Bollag macht keine Anstalten, zurück in die Küche zu gehen. Irgendwann kriegt sie von ihrem Mann das Zeichen, und sie verschwindet wieder.

Wir essen den trockenen Kuchen. Rabbiner Bollag schlürft seinen Kaffee und blättert dabei in seinem selbstverfassten Buch. Da: Sex ist erlaubt. Morgens, mittags, abends. Aber empfohlen wird: der Abend. Die ihm bekannten Stellungen zählt er auf. Sie sind alle erlaubt. Ich rühre die Brause nicht an. Jetzt wird es ein bisschen unangenehm. Rabbiner Bollag mag den Ausdruck Penis nicht so, er nimmt lieber die aramäische Übersetzung »Weress« in den Mund. Wenn der Mann in der Hochzeitsnacht seinen Weress in die Vagina hineinstößt, dann wird die Frau wahrscheinlich stöhnen und automatisch zur Gattin. So steht es geschrieben. Noch etwas will er mir beibringen, über das Jungfernhäutchen. Er trinkt den letzten Schluck seines Kaffees aus und blättert auf Seite 34. Ich werde rot. Draußen höre ich seine alte Frau Geschirr spülen. Soll ich dem ehrwürdigen Rabbi sagen, dass meine Frau keine Jungfrau mehr ist? Andererseits mögen es alte Leute nicht, aus der Routine gebracht zu werden. So lasse ich ihn mich ein zweites Mal aufklären.

Bei der letzten Sitzung geht es dann um allgemeine Fragen. Zum Beispiel über Kondome: nicht erlaubt, der

Samen ist heilig. Die Pille? Mein Sexuallehrer guckt mich gequält an. Bitte den Gemeinderabbiner fragen. Zum Schluss kriege ich aber ein Geschenk. Mühsam steht er auf. »Wo habe ich es hingelegt?«, bellt er seine Frau an. Seine Alte kommt ins Zimmer und fragt mürrisch: »Was denn?« – »Na, das Geschenk für den jungen Herrn da.« Ich lächle tapfer. Dann suchen beide in den zahllosen Büchertürmen, bis er fündig wird. »Da, junger Mann, das schenke ich Ihnen, eines der letzten Exemplare von *Die Heiligkeit der jüdischen Frau*.«

Was viele Nichtjuden nicht wissen: Sobald die Menstruation eintritt, ist der Sex für religiöse Juden etwa zwei Wochen lang verboten. In dieser Zeit gilt die eigene Frau als unrein. Man darf sie nicht berühren und nicht zu lange angucken. Die beiden Betten werden auseinandergeschoben, und die Frau versucht, so gut wie möglich jedwelche Assoziationen des Mannes im Keim zu ersticken. So achtet sie darauf, ihren Büstenhalter nicht sorglos auf das Bett des Mannes zu legen und nicht zu viel Parfum zu tragen. Jüdisch-orthodoxe Männer sind genau gleich horny wie nichtjüdische Männer.

Doch die jüdischen Ehegesetze sind am schwierigsten einzuhalten. Früher, noch in stürmischen Jahren, begann ich, laut zu fluchen, wenn meine Frau ihre Tage kriegte. Zwei Wochen kein Sex! Die ersten paar Tage gingen noch. Dann wurde es immer brutaler. Irgendwann kriegte ich bei allem einen Ständer. Wenn meine Frau Kaffee trank, wenn sie fernschaute, wenn sie Bücher las.

Ich selber begann auch, viel zu lesen, jüdische Bücher oder die auch nicht interessantere *Neue Zürcher Zeitung*.

Doch so ist das Judentum. Diese jahrtausendealte Religion, die das ganze Leben dem allumfassenden Regelwerk der Tora unterordnet. Jeder Leibesfreude werden Riegel vorgeschoben, überall gibt es ein Maß. Das ist einzigartig im Kulturleben der Völker. Keine Religion hat sich bisher so lange gehalten, obwohl deren Anhänger von außen und von innen Repressalien unterworfen sind. Man meint ja häufig, dass die größte Prüfung in der jüdischen Geschichte das schicksalhafte Nebeneinanderleben mit den Nichtjuden ist. Doch noch beeindruckender ist, wie die Juden seit Jahrtausenden die Ehegesetze einhalten und nicht gegen ihren Gott rebellieren.

Rückblickend finde ich schön, dass ich meine Frau in diesen zwei Wochen anders kennenlernte. Ich habe ja auch ein Großhirn und ein Kleinhirn. In den ersten Ehejahren geschah es häufig, dass meine Frau irgendetwas erzählte, von Träumen und Gefühlen. In den zwei Wochen der Abstinenz lernte ich, ihr zuzuhören, denn etwas anderes blieb mir ja nicht übrig. Ich glaube, erst da lernte ich sie als Menschen kennen. Wenn sie nicht über ihre Gefühle sprach, schauten wir fern. Wir achteten darauf, keine verführerischen Sendungen auszuwählen. Das wäre in meinem aufgegeilten Zustand nicht ratsam gewesen. Auch keine Tierfilme oder Dokumentationen. An gewissen Abenden blieben nur noch die Filme von Rosamunde Pilcher übrig. Da sind selbst die Schmuseszenen ungeil.

Der letzte Tag der zweiwöchigen Abstinenz ist jedes Mal etwas Besonderes. Die jüdische Frau geht ins rituelle Tauchbad, die Mikwe. Das ist ein kleines Wasserbecken. Eine alte Frau, die Mikwe-Frau, wacht darüber. Sie wird von den Frauen kontaktiert, wenn deren zwei Wochen sich dem Ende zuneigen. Die alte Mikwe-Frau kriegt dann sieben Franken und achtet darauf, dass die Frau vollständig und nackt im Tauchbad untertaucht. Gemäß Schilderungen soll das wie ein Hamam sein, einfach ohne Dampf. Sobald die Frau untergetaucht ist, darf sie sich wieder ihrem Mann nähern. Das war jetzt lyrisch beschrieben.

In der Regel warte ich zu Hause und versuche, ein bisschen Stimmung zu machen. Wenn vorhanden, zünde ich ein paar Teelichter an und stelle den Orangensaft in den Kühlschrank. In einer Schublade verwahre ich immer ein Säckchen mit plastifizierten Rosenblüten. Die streue ich über die wieder vereinten Ehebetten. Ich lege eine Kuschelrock-CD auf. Das sollen Frauen mögen. Dann gehe ich in die Badewanne und hole mir einen runter. Weil: Nach diesen zwei Wochen bin ich so geladen, dass meine Frau nicht lange etwas von mir hätte. Ich putze mir die Zähne, diesmal auch mit Zahnseide, und spritze mir ein teures Aftershave über den ganzen Körper. Wer würde jetzt nicht mit mir kuscheln wollen?

Gemäß jüdischem Verständnis ist der Moment, in dem die Frau nach der Mikwe die Türschwelle übertritt, wie eine kleine Hochzeit. Der Mann führt die Frau wieder in seine Gewalt. Das ist, wieder, lyrisch gemeint.

Normalerweise läuft aber an dem Abend nichts zwischen uns. Wir haben drei Kinder, zwei anstrengende Berufe, einen Haushalt, aber keine Haushaltshilfe. Das schönste Geschenk für meine Frau ist, so hoffe ich, dass die Küche aufgeräumt ist, wenn sie nach Hause kommt. Ja, eigentlich läuft nichts mehr zwischen uns. Man wird ja älter und abgeklärter. Die Prioritäten – wie sagt man so schön – verschieben sich mit dem Alter.

Und trotzdem: Wenn meine Frau nach Hause kommt, ist da noch immer das kleine Kribbeln. Wir küssen uns. Ich frage, ob sie die sieben Franken für die Mikwe passend dabeihatte. Sie nickt. Ich zeige ihr die halb aufgeräumte Küche: »Schön, oder?« Sie nickt. Ein bisschen Lust kriege ich jetzt schon. Sie schaut mich genervt an. Vielleicht morgen, war stressig heute.

Es gibt da eine Stelle im Buch *Mein Leben* von Marcel Reich-Ranicki. Er beschreibt dort, wie er im zerbombten Warschau in einem Keller Zuflucht findet. Mit dabei ist seine spätere Ehefrau, Teofila. Sie sehen sich zum ersten Mal. Die beiden haben bereits Angehörige verloren. Teofila weint, und Marcel Reich-Ranicki öffnet ihre Bluse, fasst an ihren blanken Busen.

Die Erotik hat dem leidgeplagten jüdischen Volk häufig als Morphium gedient. Und sie hat eine Stellung inne, die sie gefährlich erscheinen lässt. Zwar gebietet das erste Gesetz der Tora, Kinder in die Welt zu setzen. Aber andererseits wird die Frau als Schlange betrachtet, die verführt und irreleitet. Ein Beispiel sind die öffentlichen Busse in Israel. In manchen Bussen sitzen vorne die Männer, hinten die Frauen. Frauen, die sich nach vorne wagen, werden angespuckt und angepöbelt. Läuft draußen eine leicht bekleidete Frau, recken sich die Männer. Oder: Jüdische Ehefrauen – auch hier in Zürich – verhüllen auf der Straße sämtliche Reize und laufen in reizlosen dunklen Gewändern herum. Und zu Hause schaut man – verbotenerweise – Pornofilme.

Es sind ungeheure Zerreißkräfte, die an der religiösen Orthodoxie zerren. Mit dem Internet haben sich die Probleme potenziert. Ich ging vor zwanzig Jahren auf eine Talmud-Hochschule in England. Das ist ein frommes, jüdisches Knabenkloster. Ich langweilte mich sehr. Während der Unterrichtsstunden wurde unter den Bänken eine Werbebroschüre herumgereicht. Es ging um Bekleidungen in der Küche. Man erblickte englische Frauen, gekleidet als Köchinnen. In Ermangelung anderer Frauen waren diese – na ja – Mannequins weibliche Göttinnen. Noch heute. Wenn ich die Augen schließe, kann ich mich noch haargenau an eine englische Mittvierzigerin erinnern, gekleidet als – Köchin. Viele Jahre begleitete sie mich durch die Träume. Es hört sich an wie ein Anekdötchen aus dem vorletzten Jahrhundert.

Manchmal denke ich darüber nach, ob die jüdischen Ehegesetze überhaupt noch in die Gegenwart passen. Manchmal denke ich auch über katholische Priester nach. Wie schaffen die es, ganz auf Sex zu verzichten? Und was ist schwieriger, immer sexabstinent zu leben oder in diesem Zweiwochen-Rhythmus? In solche Fragenkaskaden gerate ich immer wieder. Dazwischen flackert dann aber plötzlich dieser kleine Funken Stolz in mir auf. Stolz, Teil dieser jahrtausendealten Tradition zu sein. Nicht der Klügste bin ich, nicht der Frömmste und gewiss nicht der Tugendhafteste. Aber irgendwie habe ich mich daran gewöhnt.

Wie Mann Frau glücklich macht ...

Wir sitzen auf einer Bank, Jossi und ich. Unter uns fließt ein kleiner, schmutziger Fluss. Jossi wird in drei Wochen heiraten und hat ein Problem: Er ist noch Jungfrau und weiß nicht so viel über Frauen. Seit einem Monat geht er jeden Montag und Donnerstag zu Rabbiner Bollag in die Aufklärungsstunde. In seinem Studierzimmerchen stapeln sich die frommen Bücher bis zur Decke. Alle jüdischen Männer, die vor der Schwelle zur Hochzeit stehen, gehen zum alten Rabbi Bollag. Der hat nämlich ein Buch zum Thema geschrieben: *Die Heiligkeit der jüdischen Frau.*

Wenn also jemand Ahnung von Frauen hat, dann bestimmt dieser Greis. Jossi ist aber trotzdem ein wenig bekümmert. Er weiß jetzt zwar die aramäische Übersetzung von Penis, beherrscht die komplizierte Berechnung der Unreinheitstage der jüdischen Frau und hat das Einmaleins ihrer Psyche gelernt. Aber was ist mit dem Vorspiel? Was muss man da genau machen?

Jossi guckt mich an. Über vieles hat er mit dem Rabbiner gesprochen. Aber wie man eine Frau zielorientiert streichelt, über das hat der Rabbi nichts geschrieben. Deswegen lädt mich Jossi zu einer Cola ein, um von meinen Erfahrungen zu lernen.

Ich bin etwas überrascht. Gewiss, ich bin schon seit zehn Jahren verheiratet. Würde ich in Spanien leben, hieße ich wahrscheinlich Benioso el Toro Frenkel. Aber ich lebe ja in Zürich, in der Nähe des Flusses, und ich habe viel Stress. Ich weiß auch nicht, wie und wo man Frauen eigentlich streicheln muss.

Das vor Jossi zuzugeben, fällt mir schwer. Er soll nicht unwissend in die Ehe gehen. Mich hat er als seinen Vorspiel-Tutor auserwählt, also muss ich ihm auch helfen. Ich erwähne das Ohr. »Frauen«, ich gucke Jossi an, »mögen es, beim Ohrläppchen gekitzelt zu werden.« – »Ohrläppchen«, wiederholt Jossi, um sich die Stelle zu merken, »beide Ohrläppchen?« Gute Frage. Ich überlege. »Nein, nur das eine. Und mit der anderen Hand berührt man die Nase« – »Wo genau?« – »Beim Nasenbein«, denke ich laut.

Ich komme ein wenig in Fahrt. »Und dann berührst du ihren Hals und ihre Schultern« – »beide Schultern?« – »Ja! Aber sanft und in kreisförmigen Bewegungen. Langsam gleitest du runter, bis du …«, Jossi unterbrach mich. Es war ihm peinlich. Schade, denn zum ersten Mal machte ich mir Gedanken zum Vorspiel. Am Abend küsste mich meine Frau, sie schaute mich fragend an. Ob alles in Ordnung sei mit mir und ob ich irgendwann ihr Nasenbein wieder loslasse. »Un momento«, säuselte ich, »Benioso el Toro hat doch gerade erst angefangen …«

Wie Nutella und Weißbrot
eine Ehe harmonischer machen

Eine harmonische Ehe kann nur dann bestehen, wenn tiefes Vertrauen zwischen den Partnern existiert und kleine Abmachungen eingehalten werden. Meine Frau zum Beispiel hat die Auflage, mir regelmäßig weiches, helles Brot zu kaufen. Und zwar solches, auf das ich Nutella schmieren kann. Also helles Brot, aber doch genug konsistent, um eine dicke Schmiere darauf zu hinterlassen. Meine Frau weiß, welches Brot ich meine.

Vor zwei Wochen hat sie mir aber einen riesengroßen Laib dunkles Brot auf den Tisch gestellt. Ich guckte sie irritiert an, was soll denn dieser Quatsch? Aber das war ihr Ernst. Wie viele andere Frauen versucht auch sie, ihren Mann zu erziehen. In diesem Fall zu angeblich gesundem Brot. Ich bin fast ausgeflippt. Ich will helles Brot! Vor Wut ignorierte ich beide, meine Frau und das Brot. Eine Woche hatte ich keine Lust zu kommunizieren. Ich aß direkt aus dem Nutella-Glas und warf meiner Frau und dem dunklen Brot giftige Blicke zu.

Nach dieser Strafaktion hat sich das Brot in einen Stein verwandelt. Wahrscheinlich hätte man nicht einmal mit einem Samurai-Schwert eine Scheibe davon abschneiden können. Als Erstes verspürte ich natürlich tiefe Genugtuung. Dann dachte ich aber an das jüdische Verbot, Brot einfach wegzuwerfen. *Bal Tasch'chis!* Zum Glück gibt es in Zürich einen See. Bezeichnenderweise heißt er Zürichsee. Ich nahm meinen einzigen Sohn und das steinharte Brot mit. Als wir beim Seeufer ankamen, wurden wir von einem Schwarm Möwen schon sehnlichst erwartet. Sie kreischten uns an und flogen nervös um unsere Köpfe. Ich dachte kurz an die Uno-Hilfskonvois.

»Mein Sohn«, sprach ich meinen Filius an, »wir verfüttern jetzt dieses Brot an die Möwen, Enten und Schwäne. Jeder, der hungrig ist, soll kommen.« Ich versuchte, das Brot zu brechen, aber es gelang mir nicht. Ich nahm einen schweren Stein und versuchte so, das Brot zu zertrümmern. Dann warf ich es mit voller Wucht gegen den Boden. Aber nichts half. Das Brot zerbrach nicht. Und das wollte mir meine Frau auftischen!

»Mein Sohn«, sagte ich zu meinem belustigten Jungen, »jetzt werfe ich den Laib in den Zürichsee!« Und das tat ich auch. Nun geschah Folgendes: Sämtliches Geflügel im Umkreis eines Kilometers stürzte sich auf das Brot. Der Lärm war ohrenbetäubend. Wir liefen nach Hause.

Später erfuhr ich, dass das für Vögel gar nicht gesund sei. Aufgeweichtes Brot verstopfe deren Speiseröhren. Das wollte ich sicher nicht! Dafür entschuldige ich mich. Meine Frau übrigens auch. Wir führen wieder ein harmonisches Leben miteinander. Mit Nutella und Weißbrot.

Rabbiner-Ranking

Nein, früher war nicht alles besser. Die Auswahl von Fernsehsendern war dürftig, ebenso das Angebot billiger Ferienflüge. Was aber vor zwanzig Jahren klar besser war: Die Predigten unserer Rabbiner. Ich kann mich noch sehr genau erinnern, wie ich als Zwölfjähriger eine Rede hörte, die mich umgehauen hat. Der Rabbiner hatte Pathos, eine unvergleichliche Bariton-Stimme und glasklare Gedankengänge.

Später wurde er gefeuert, weil er dreckige Geschäfte mit der religiösen Aufsicht über Nahrungsmittel machte. Trotzdem, seine Vorträge waren der Hammer.

Auch andere Rabbiner haben mich damals fasziniert. Es handelte sich bei ihnen um die letzten Vertreter, die vor dem Krieg am Rabbinerseminar abgeschlossen hatten. Dort wurde Rhetorik geschult und Auftreten geübt. Die Rabbiner hatten Ziegenbärtchen wie das DDR-Sandmännchen und Rundbrillen wie die von Peter Lustig aus der Kindersendung *Löwenzahn*.

Und heute? Ach, ach, ach. Ich will ganz bestimmt nicht die Rabbiner in den Dreck ziehen. Ich habe echte Hochachtung vor ihnen. Sie müssen religiöses Oberhaupt, Animateur und Kummerkasten spielen. Sie kommen ins Krankenhaus wenn ein Mitglied krank ist, halten den Nachruf auf Verstorbene und müssen sich um Russen, Religiöse, Atheisten, Frauen und Jugendliche kümmern, und zwar so, dass sich alle umsorgt fühlen.

Da verkümmern Synagogenreden zwangsläufig. Ich habe in den letzten zehn Jahren keine gute Rede eines Rabbiners gehört. Vielleicht bin ich zu kritisch, vielleicht zu dumm, um die Botschaften zu kapieren. Aber das glaube ich nicht. Es ist eher so, dass Rhetorik unter Rabbinern gleich beliebt ist wie Latein unter Gymnasiasten. Das ist traurig. Die Rede sollte doch eigentlich der Höhepunkt des Gottesdienstes sein.

Grundsätzlich machen die Rabbiner zwei Fehler. Sie verwechseln die direkte Ansprache mit Stand-up-Comedy. Häufig fangen sie mit einem Judenwitz an oder kaspern sonst wie rum: »Meine Rebbeze verbietet mir eigentlich, Folgendes zu sagen ...«, »Hier spricht der Rabbiner: Stellen Sie Ihre Sitze in aufrechte Position ...« Natürlich wird es immer Menschen geben, die an dieser Stelle lachen. Eine Synagogenrede sollte aber ernst sein und die Menschen zum Nachdenken anregen.

Der zweite Fehler, den viele Rabbiner machen: Irgendwelche Wortklaubereien über einen biblischen Ausdruck, warum der so geschrieben wurde und nicht so. Raschi sagt das, Ramban das, Raschbam dies und Ritwa jenes. Schön. Toll. Beeindruckend. Mutiger wäre es aber, wenn der Rabbi aktuelle Probleme aufgreift und seine Meinung darüber kundtut. Kostet sicher ein paar Sympathien, zahlt sich aber im Nachhinein aus.

Neulich war ich bei einem Kiddusch. Der Rabbiner trank den Saft aus und setzte sich hin. Es wurde ruhig. »Liebe Mitglieder, machen wir es heute kurz. Ich wünsche Ihnen Schabbat Schalom und verweise auf meine Rede, die Sie im Gemeindeblatt nachlesen können. Außerdem können Sie immer ab Donnerstagabend meine aktuelle Rede von unserer Homepage downloaden.«

Der Ferienverweigerer

Meine letzten Ferien waren die Hochzeitsferien. Mein Fazit: Ich will nicht noch mal heiraten. Wir fuhren nach Madrid. Mir hat nichts gefallen. Das Flugzeug war überbucht, im Hotel hat es übel gerochen, in den Museen fand ich keine deutschen Erklärtexte, und die Hitze war unerträglich.

Ich bin zu der Erkenntnis gekommen, dass Ferien nicht glücklich machen. Jedenfalls nicht, wenn man sie im Ausland verbringt. Den deutlichsten Beweis dafür erhält man morgens um halb acht am Terminal E am Zürcher Flughafen. Dort stehen Tausende Schweizer Touristen und warten auf die Skymetro, die sie zur Gepäckausgabe fährt. Sind diese Menschen glücklich? Haben sie »fremde Kulturen« kennengelernt und gehen die Dinge relaxter an? Nein, nicht die Bohne. Kommt die Luftkissenbahn auch nur eine Minute zu spät, wird in den neu erlernten Fremdsprachen geflucht. Muss man bei der Gepäckausgabe ein wenig länger als die anderen warten, wird Gott angerufen, und zwar feuriger als vor einer Stunde beim heftigen Luftloch. Ich habe zehn Jahre lang am Flughafen gearbeitet.

Junge Menschen sind da anders. Sie haben einen gemeinsamen Traum: Ferien in Australien oder Neuseeland. Wer bis dreißig noch nie dort war, gilt als Jungfrau. Keine Ahnung, was diese beiden Länder verbrochen haben, dass sämtliche U21-Schweizer dort hinfliegen. Die Alten sind aber auch nicht besser. Wer bis siebzig keine Schloss- und Sauftour in Schottland absolviert hat, hatte wohl die falschen Aktien im Depot.

Leider irren sich viele Menschen, wenn sie annehmen, dass Reisen bildet. In fremden Ländern lernt man nicht mehr als ein Briefmarkensammler in seinem stillen Kämmerlein. Wie viele von den Jugendlichen waren schon mal im Opernhaus von Sydney? Oder können nach der fünften Degustationsrunde noch drei verschiedene französische Weinberge aufzählen?

Noch schlimmer ist es, wenn Eltern meinen, dass die Kinder vom Urlaub profitieren. Wir waren 1988 irgendwo in Spanien in der Nähe des Mittelmeers. 1988 waren Olympische Spiele in Seoul. Werner Günthör gewann damals Bronze im Kugelstoßen. Ich habe zwei Wochen lang von früh bis spät Kugeln aus Plastiksäcken gebastelt und Werner Günthör gespielt. Ich war damals elf Jahre alt. Das Gleiche hätte ich auch zu Hause machen können.

Was soll man also machen? Das tun, worum der Schweiz-Tourismus-Direktor uns bittet: Zu Hause bleiben. Den Rheinfall anschauen, in den Lago di Lugano springen, auf der Rigi einen Kaffee mit einem ordentlichen Schluck Schnaps trinken und chinesischen Touristen den Weg erklären: »Go there and then left and then noch mal left.«

In den Alpen kennt man keine Kippa

Ich mache gerade Ferien in den Schweizer Alpen. Dieses Jahr habe ich mich für ein kleines Dorf entschieden, das nicht im jüdischen Bergdörfer-Kanon steht. Es gibt ja Orte in den Alpen, die von Juden regelrecht überrannt werden. Dieser nicht. Hier gibt es einen kleinen Dorfladen, ein Hotel, eine wunderschöne Kirche, fünf alte Bauernhäuser und mich, den einzigen Sohn Israels.

Genau deshalb hatte ich mir diesen kleinen Weiler bewusst ausgesucht. In der Stadt vergeht kein Tag, ohne dass ich darauf aufmerksam gemacht werde, dass ich Jude bin. Im Bus quatschen mich Leute an: Sie wollen wissen, wie man zur koscheren Bäckerei kommt, was ich von Israels Politik halte und so weiter. Hier dagegen lässt man mir meine Ruhe. Im Frühstücksraum trinke ich morgens genussvoll meinen Kaffee und murmle leise den Segensspruch. Ich blicke auf, niemand hat etwas gehört. Herrlich!

Am Mittag werde ich mutiger und wasche meine Hände, bevor ich das Brot anschneide. Ich schütte etwas Salz auf den Tisch und sage halblaut »Baruch ata« et cetera. Noch immer schaut niemand zu mir herüber. Schön!

Ich lehne mich zurück und danke Gott für diesen Frieden. Ein wenig wundere ich mich aber auch. Die Menschen um mich herum sind keine Städter, das höre ich an ihrem seltsamen Dialekt. Wahrscheinlich haben sie noch nie einen Juden gesehen. Warum ignorieren sie mich?

Nuschelnd singe ich das Tischgebet. Bei der Stelle »Und segne dieses Haus« klopfe ich dreimal auf den Tisch. Niemand wendet sich vom Gespräch ab. Ich rufe die Kellnerin zu mir. »Die Suppe war kolossal gut! Am Sabbat esse ich auch immer solche Suppen.« – »Oh, danke, vielen Dank.« Ich hake nach: »An Schabbes esse ich immer Suppe.« – »Oh, sehr schön.« Jetzt bin ich doch ein bisschen irritiert. Bin ich als Jude denn so uninteressant?

Also beschließe ich, am nächsten Tag stärkere Geschütze aufzufahren. Die Zizit verstecke ich nicht mehr in der Unterhose, sondern trage sie selbstbewusst außen. Die Yankee-Basecap tausche ich gegen eine Kippa, und beim Essen lege ich ein jüdisches Buch mit großen hebräischen Lettern auf dem Titel auf den Tisch. Aber noch immer nimmt mich niemand wahr. Allmählich fange ich an, mich zu ärgern. Einen Hotelgast in Ruhe zu lassen, ist eine Sache, aber einer über dreitausend Jahre alten Religion die kalte Schulter zu zeigen, ist etwas ganz anderes. Es zeugt von Ignoranz, ja Arroganz. Ich bin ein stolzer Jude. Ich will angeschaut werden! Man soll am Nebentisch über mich tuscheln. Was ist das nur für ein primitives Kaff hier? Nächstes Jahr fahre ich wieder nach Davos, ins Alpen-Jerusalem.

Warum man es auch mit Schwiegervätern nicht leicht hat

Ich habe einen Schwiegervater, der ist Nichtjude. Er heißt Olaf und ist in der DDR aufgewachsen. Er nennt sich einen Atheisten und befolgt deren Gesetze konsequent. Das bedeutet, dass er alles der logischen Ratio unterordnet. Mit Halleluja muss ich ihm schon gar nicht kommen, auch nicht mit Gefilltem Fisch. Er hat Physik studiert und weiß natürlich alles besser als ich. Wir sitzen in seinem Garten, und ich sage: »Oh, das ist aber ein komischer Vogel!«, worauf Olaf kommentiert: »Das ist ein Rotspecht, er misst etwa 23 Zentimeter und legt drei bis sieben Eier.«

Er weiß sehr viel. Am liebsten spricht er über seine Zeit beim Militär, damals vor dem Mauerfall. Manchmal versuche ich mitzuhalten und erwähne meine drei, vier Anekdoten aus der Schweizer Armee. Olaf hört zu und erzählt dann weiter von den Truppenverschiebungen nach Moskau. Auch ich höre zu und erwähne, dass ich einmal von Zürich nach Basel verschoben wurde. Er guckt mich mitleidig an und berichtet von den schlimmen Militär-Unfällen, die er miterlebt hat. Etwas kleinlaut schildere ich die Hühneraugen, die ich von den langen Märschen bekommen habe.

Der Punkt ist der: In Olafs Augen bin ich kein richtiger Mann. Eher ein Schlaffi. Olaf ist zwei Zentimeter höher als ich und leider auch sportlicher. Ich glaube, so richtig hat mich Olaf als Schwiegersohn noch nicht akzeptiert. Meine Frau ist da anderer Meinung. Olaf würde mich lieben, behauptet sie. Mich lieben?

Diesen Sommer waren wir wieder bei ihnen. Meine Kinder stürzten sich natürlich gleich auf ihren geliebten Opa. Noch während ich die schweren Koffer in die Wohnung reintragen musste, las er ihnen aus einem Buch vor *(Physik für Kinder)*. »Wer will Pfannkuchen backen?«, rief er plötzlich. Alle wollten Pfannkuchen backen. Wir standen in der Küche. »Na, Benjamin, gut angekommen?« Meine Frau antwortete für mich: »Nee, ihm wird doch immer kotzübel im Flugzeug!« Lautes Gelächter in der viel zu engen Küche. Draußen weinte das Baby. Schnell nahm ich es in den Arm und sang ihm vor: »Tanze mit mir in den Morgen hinein.« In der Schweiz klappt das immer, nur nicht hier, hier in Deutschland. »Komm, Benjamin, gib sie mir!« Klar, bei ihm schlief sie sofort wieder ein.

Am Abend war dann Schabbat-Eingang. Die Kinder schön angezogen, die Frau duftete süß, und das mitgebrachte Essen sah gut aus. Kiddusch! Ich begann zu singen. Die Kinder lösten sich vom Opa und umklammerten mich. Herrliches Gefühl, tut mir leid, aber so war das. Ich dehnte das Lied bis zur letzten Silbe aus und schloss die Augen. Mir kamen die Tränen, und ich musste die Augen öffnen. Wo sind die Kinder? Natürlich wieder beim Opa. Er hatte mein Gebet gefilmt und zeigte es nun den Kindern. Ich hörte meine eigene Stimme. Sie hörte sich wie die Stimme einer Frau an. Ich bin so ein Schlaffi!

Bier und Bäuche

Vor fünf Wochen war ich so etwas wie ein Held. Auf dem Weg zur Synagoge gehe ich immer an zwei Schrebergärten vorbei. Die Männer, die dort gärtnern, sind keine Profis. Der eine versucht jedes Jahr, Kopfsalat zu ziehen, der andere hat einen Kirschbaum, den die Vögel gern besuchen. Nie höre ich die Männer fluchen. Es kümmert sie wenig, dass die Würmer und Vögel ihnen alles wegfressen. Schließlich haben sie die Parzelle nicht zur Selbstversorgung gepachtet. Beträchtlich Platz in ihrem Garten nehmen der große Grill und der mobile Kühlschrank mit den vielen Bierdosen ein.

Wenn ich Richtung Synagoge pilgere, sehe ich meine Gärtner, die oft ein Schnitzel mampfen oder Bier trinken. Ich versuche mir dann immer einzureden, dass ich das bessere Los gezogen habe: Ich darf am Schabbes beten gehen und so weiter und so weiter.

Die beiden Männer sitzen auf bequemen Sesseln und strahlen solche Gemütlichkeit aus, dass man ihnen am liebsten eine runterhauen würde. Sie bemühen sich auch nicht, ihre Blöße zu bedecken. Nein, ihre roten Bäuche glitzern an heißen Tagen. Mir ist stets etwas unwohl dabei, an ihnen vorbeizugehen. Ich grüße knapp und blicke neidisch auf den Grill und die Bierdosen. Manchmal, wenn mir nicht danach ist, wähle ich einen Umweg, um die beiden Buddhas nicht sehen zu müssen.

Letzten Monat aber war ich ein Held. Und das ging so: Ich gehe wieder an den Schrebergärten vorbei und sehe nur einen der beiden. Er liegt quer im Stuhl und guckt mich komisch an. Ich grüße schnell und denke an den Hinduismus. Buddha aber ruft mir zu: »Können Sie mir helfen?« Ich denke an die Bierdosen und rufe zurück: »Gern! Was kann ich für Sie tun?« – »Ich glaube, ich habe einen Hexenschuss. Könnten Sie bitte bei meiner Frau an der Tür klingeln?«

Das ist schwierig, ich bin ja Jude. Wir dürfen am Schabbes nicht klingeln! Ich renne trotzdem zum Haus und hämmere wie verrückt an die Tür. Niemand öffnet. Ist ein Hexenschuss lebensgefährlich, darf man also klingeln? Nervös renne ich zum nächsten Haus. Ich schreie und klatsche in die Hände – hört mich jemand? Endlich kommt eine Frau runter. Im Nachthemd. »Was ist denn los?«, fragt sie. Ich stottere. »Da – Mann – Hexenschuss – ich bin Jude.« Doch großes Glück, die (attraktive) Frau ist gelernte Krankenschwester und rennt mit mir zum Schrebergarten.

Dem Mann konnte geholfen werden. Ein Krankenwagen kam, und alles wurde gut. Zu Hause hatte ich was zu erzählen. Endlich mal eine andere Geschichte als »Zum

Kiddusch gab es Lachs und Aubergine«. Meine Frau tätschelte meine Hand und meinte, ich sei ein Held gewesen. Das mit der Krankenschwester im Nachthemd habe ich ihr natürlich nicht erzählt.

Die Geschichte geht aber noch weiter. Letzten Schabbat ging ich wieder an den beiden Schrebergärten vorbei. Der Hexenschuss stand auf, rannte zum Tor und rief seine albanische Großfamilie herbei. Ich musste viele Hände schütteln und wusste nicht, wohin ich blicken sollte. Einer öffnete den Kühlschrank und holte mir ein albanisches Bier. Es hat toll geschmeckt. Ich bin gerne ein Held!

Was ein E-Bike mit dem
Talmudstudium zu tun hat

Technische Revolutionen kommen bei mir immer etwas spät an. Das Internet musste mir mein Vater erklären, da war ich schon zwanzig Jahre alt. Er war es auch, der mir mein E-Mail-Konto eingerichtet hat. Im ersten Jahr erhielt ich keine einzige Nachricht. Nicht einmal Spam. Heute beherrsche ich das Zehnfingersystem schon sehr gut und kann bereits halb blind (bei schwacher Beleuchtung) schreiben.

Eine andere bahnbrechende Erfindung, die spät bei mir ankam, ist das E-Bike. Nachdem fast alle Menschen auf einem herumradeln, habe ich mir jetzt endlich auch eines gegönnt! Der Grund ist der: Im Herbst letzten Jahres fiel mir auf, dass mich immer mehr Leute auf dem Fahrrad überholten.

Früher waren das höchstens ambitionierte Jan Ullrichs, dann aber immer häufiger auch mollige Frauen. Sie zischten einfach an mir vorbei. Sogar wenn ich mir die Lunge aus dem Leib gepustet hätte, die quietschfidelen Damen hätte ich nie wieder einholen können. Keine Schande, denn die fuhren mit elektrischer Unterstützung.

Eigentlich ist das fahrrad-moralisch gesehen nicht viel besser als Doping.

Andererseits werde ich immer dicker, und die Heimfahrt gestaltet sich zunehmend anstrengender. Früher kam ich zu Hause an und wirbelte meine Frau durch die Luft. Heute röchle ich nur noch und falle erschöpft aufs Sofa. Das alles bewog mich schließlich zum Kauf eines E-Bikes.

Bin ich jetzt glücklich? Ja und nein. Klar, heute überholt mich niemand mehr. Aber mittlerweile werde ich noch dicker, da nun meine einzige sportliche Aktivität ausfällt. E-Bike-Fahren ist schließlich ähnlich wenig anstrengend, wie den Talmud mit der *Schottenstein Digital Edition* zu studieren. Endlich lässt sich dieser verflixt schwierige Text mithilfe des iPads verstehen.

Ein Fingerwisch – und schon wird alles bunt und fröhlich erklärt. Früher weinte ich manchmal, wenn ich im Wortmorast einfach nicht weiterkam. Das Wörterbuch half nicht, die Raschi-Erklärung machte alles nur komplizierter, und der Maharscho (ein anderer Rabbiner) ließ mich im Regen stehen. Nur mühselig ging es irgendwie voran, Zeile für Zeile.

Da gab es Menschen, die mehr wussten als ich. Sie trösteten mich immer damit, dass der Lernfortschritt mit den Qualen einhergeht. Doch auch nach Jahren wurde ich wütend, wenn plötzlich ein unbekanntes Wort im Text vorkam, das noch unverständlicher wurde, wenn ich im Wörterbuch seine sieben möglichen Übersetzungen nachschaute.

Jetzt aber ist das Talmudstudium genauso leicht, wie mit dem E-Bike einen Berg zu erklimmen. Manchmal muss ich vor lauter Dankbarkeit heulen. Früher fluchte ich mehr, als dass ich lernte. Heute tippe ich nur noch auf die schwierigen Wörter und bekomme gleich die Erklärung. Auf Englisch. Das ist natürlich auch blöd. Jetzt muss ich diese Sprache richtig lernen.

Made in China: Der sprechende Siddur

Kürzlich haben wir unserer Tochter ihr erstes Gebetbuch gekauft. Wobei das Wort »Buch« dieses Wunderwerk nur unzureichend beschreibt. Das Druckerzeugnis besteht nicht, wie andere Bücher, nur aus einem Einband und Seiten aus Papier. Es gibt darin auch zwölf Tasten. Wenn man auf die drückt, hört man eine Kinderstimme die verschiedenen Gebete vorsingen. Dieser Siddur hat unsere Lebensqualität entscheidend verbessert. Bevor wir ihn angeschafft hatten, dauerte das Morgengebet mit der Kleinen unendlich lang. Bis sie sich hingesetzt hat, ihre Hände sauber waren und sie wirklich zum letzten Mal auf der Toilette gewesen war, hatte ich längst die Geduld verloren, packte das Mädchen in den Kinderwagen und sang ihm ersatzweise auf dem Weg zur Krippe ein paar hebräische Lieder vor, die ich zumindest der Melodie nach kenne.

Aber jetzt: Artig sitzt das Kind in der Frühe auf dem Sofa und drückt wie wild die Gebetstasten. Ich kann derweil wieder meinen Kaffee genießen und in Ruhe Zeitung lesen. Auch andere Mitglieder der Familie profitieren. Meine Mutter berichtet Freundinnen stolz, dass ihre Enkelin morgens zuerst betet und erst danach »A-a« machen will. Danke, China! Denn dort wird der Wundersiddur produziert, wie auf der Rückseite kleingedruckt vermerkt ist.

Leider funktioniert eine Bracha inzwischen nicht mehr – der Segensspruch »Baruch ata« et cetera. Meine fromme Tochter hat so lange auf die Taste gehämmert, bis die chinesischen Schaltkreise schlappmachten. Jetzt hört man nur noch »Baba-bababa«.

Der neue Siddur hat unser Verhältnis zur modernen Technologie grundlegend verändert. Früher waren meine Frau und ich Fortschrittsskeptiker und Kulturpessimisten. Gegen elektronisches Spielzeug haben wir uns lange gesträubt. Auch Kunststoff war suspekt. Unser Baby durfte zwar eine Holzrassel auf den Glastisch werfen, aber keine eventuell krebserregende aus Plastik. Mittlerweile stellen wir uns den Innovationen nicht länger in den Weg. Nach dem Siddur haben wir unserer Tochter inzwischen auch ein Plastiktelefon mit Hundekopf gekauft. Wenn die wissbegierige Kleine dort auf die Tasten haut, lernt sie die hebräischen Zahlen: Achad, Schtaim, Schalosch. Und wenn sie auf den Hundekopf haut, bellt der »Wuffwuff«.

Manchmal beneide ich meine Tochter um ihre tollen modernen Eltern. Ich musste mich in ihrem Alter noch mit langweiligen Büchern aus Papier und ohne Tasten herumschlagen. China gab es damals zwar schon, aber die

Menschen dort bauten nur Reis an. Heute vermitteln sie unseren Kindern jüdisches Wissen. Der Fortschritt ist etwas Wunderbares.

Cowboy und Indianer war gestern, heute gibt es *Binyan Blocks*

Es gibt einen großen Markt für jüdisches Spielzeug. Und er wird immer vielfältiger. Früher spielten die religiösen Kinder vor allem mit Rabbiner-Karten. Mit Lego versuchten sie, Synagogen nachzubauen, und mit Playmobil spielten sie den ewigen Kampf zwischen jüdischen Cowboys und gojischen Indianern. Oder umgekehrt.

Inzwischen müssen die Kinder nicht mehr allzu viel Fantasie aufwenden. Es gibt jetzt *Binyan Blocks*. Die erleichtern es den Heranwachsenden ungemein, in ihrer Welt zu bleiben. Bei Lego war das große Problem, dass die Figuren nicht jüdisch genug aussahen. Die Lego-Männer hatten keine Schläfenlocken und die Lego-Frauen keinen anständigen Scheitel. Der Umstand, dass Lego alle *Lord of the Rings*- und *Hobbit*-Figuren nachbaut, die Jünger von *Star Wars* mit allen Raumschiffen verwöhnt, ist umso schwieriger zu ertragen, wenn es nicht einmal einen jüdischen Lubawitscher-Lego-Rebben gibt. Antisemitismus? Die zuständigen Behörden müssen das beurteilen.

Wenden wir uns wieder unseren Kindern zu: Sie haben in der Prä-*Binyan-Blocks*-Epoche gelitten. Die Älteren unter uns können sich noch an die Wutanfälle erinnern. Auch Depressionen griffen um sich. Die Juden schrien gen Himmel und wurden von Eliyahu Wolf erhört. Wolf, ein Lehrer an einer religiösen Schule in Amerika, hatte folgende Idee: Warum nicht ein paar braune und weiße Lego-Steine in einer Box verkaufen und vier Lego-Köpfe mit Schtreimel, schwarzem Hut, braunem Scheitel und schwarzem Scheitel bemalen? Und warum eine solche Schachtel nicht für siebzig Dollar verkaufen? Toll, nicht?

Jetzt endlich können religiöse Kinder auch zu Hause Synagoge spielen. Ich habe mir das einmal angeguckt. Es sind tatsächlich jüdische Lego-Männchen. Soweit man das halt von außen beurteilen kann. Die Synagoge sieht ein bisschen mickrig aus, aber immerhin machen die Lego-Männchen keinen Lärm während des Gottesdiensts.

Denn zu groß soll die Ähnlichkeit auch nicht sein. Theoretisch hätten die Macher von *Binyan Blocks* auch zwei, drei Schnorrer herstellen müssen und einen dicken Gemeindepräsidenten, der zu viel quatscht.

Auch Kinder vermisse ich im Synagogen-Set. Nämlich solche, die im Vorraum rumhüpfen und den Zucker wegnaschen, der eigentlich für den Kaffee bestimmt ist. Dann fehlt natürlich auch ein alter Mann, der am Stock läuft und die Kinder anschreit (wegen des Zuckers).

Ach, ich hätte noch ein paar Ideen für den Bau einer realitätsgetreuen Lego-Synagoge. Man erreicht mich am besten während der üblichen Gebetszeiten (ich habe mein Handy stets griffbereit).

Warum koscher nicht immer lecker, aber Leckeres nicht immer koscher ist

Ich habe immer Mühe damit, wenn man mich fragt, wie religiös ich bin. Es ist ein Auf und Ab. Manchmal ist mein Fleisch schwach, und ich esse Chips, die nicht auf der Koscher-Liste stehen, und manchmal trinke ich eine ganze Flasche Koscher-Wein.

Aber etwas ist mir heilig: mein Kaffee und mein Brötchen. Und das bestelle ich mir immer in einem Restaurant neben dem Kindergarten meiner Tochter. Die Kellnerin kennt schon meinen Namen und bedient mich äußerst freundlich. Seit einem Monat nehme ich stets meine kleine Tochter mit, sie darf sich auch etwas bestellen, eine heiße Schokolade und ebenfalls ein Brötchen. Der Vorteil ist, wenn die Kleine isst, habe ich meine Ruhe und kann endlich ungestört Zeitung lesen.

Der Nachteil ist, dass das Mädchen im streng orthodox geführten Kindergarten allen erzählt, dass sie gerade im Restaurant ein Frühstück zu sich genommen hat. Die Kindergärtnerin schaut mich dann verwundert an und will ihr nicht glauben. »Blödsinn!«, murmle ich und wechsle das Thema.

Andererseits möchte ich mich auch nicht verstellen. Ich stehe dazu, dass bei mir nicht immer alles koscher ist. So habe ich letzte Woche einmal nachgeschaut, welche Inhaltsstoffe in dem Brötchen sind. Sieht nicht gut aus: viele Konservierungsstoffe und Emulgatoren. Aber, und das stimmt mich optimistisch, es steht auch nicht »Schweinefett« oder »Truthahnfett in rauen Mengen« auf der Verpackung. Aber so richtig wohl ist mir dabei nicht.

Und auch die Tochter, sie ist vier Jahre alt, weigert sich langsam mitzuessen. »Ist das wirklich koscher?«, fragt sie mich und deutet auf meinen Kaffee. »Ja, der stammt vom Berg Sinai!« Ich sage ihr, sie solle mich nicht beim Lesen stören. »Also, meine Morah sagt, dass eine heiße Schokolade nicht koscher ist.« Verdammt, müssen die Glaubensfragen schon jetzt beginnen. Am nächsten Morgen bestelle ich ihr einen Apfel und ein Glas Wasser. Fragend schaut sie mich an.

»Koscher«, sage ich. »Aber nicht lecker«, meckert sie. Ich schaue sie an. Ich glaube, der Moment ist gekommen, ihr eine wichtige Lektion beizubringen. »Also, schau, wir essen jetzt unser Frühstück und erzählen nichts deiner Morah und deiner Mutter, gell? Das ist jetzt ein Geheimnis nur zwischen dir und mir!« Und sie hält dicht! Ach, bin ich stolz. Erst vier Jahre alt und kann schon ein Geheimnis für sich behalten. Besser als ihr Vater.

Wie man sich täuschen kann

Es gibt da so einen Neonazi bei uns im Quartier. Er trägt Springerstiefel und hat sein Haar sehr kurz geschoren. Ich begegne ihm mindestens zweimal am Tag. Er wohnt drei Häuser von uns entfernt und guckt mich immer grimmig an, wenn sich unsere Wege kreuzen. Manchmal ist an seiner Seite eine Frau, wahrscheinlich seine Freundin oder Mitkämpferin. Auch sie guckt verbissen. Und sieht ein bisschen aus wie Beate Zschäpe. Nein, ich bin noch nicht fertig. Ich möchte anfügen, dass die beiden immer in Begleitung zweier großer Doggen herumlaufen.

Manchmal sitze ich auf dem Spielplatz und beobachte sie. Die Hunde wollen ihren Besitzern nicht richtig gehorchen. Sie bellen, nein, sie kläffen wie irre. Der Mann raunzt sie an: »Hört auf!« Aber die Doggen, die nichts zu verstehen scheinen, bellen noch lauter. Dann beginnt die vermeintliche Schwester von Beate Zschäpe zu kreischen: »Ich bringe euch noch um!« Aber auch diese Drohung kommt bei den Kötern nicht an. Wenn die beiden Neonazis am Spielplatz vorbeilaufen, rennen natürlich alle Kinder erschrocken zu ihren Mamis.

Der Mann und die Frau zerren an den Hundeleinen und verhindern jeweils knapp, dass ein Kind zerfleischt wird. Meine Tochter kennt die Doggen bereits. In ihrer kleinen Welt gibt es eigentlich nur niedliche Ponys, süße Hasen und noch süßere Nemo-Fische. Die Hunde aber, die heißen bei ihr nur »Kampfhunde«.

Klar, ich gehe selbstverständlich nicht zur Hundefamilie und versuche zu erklären, dass sich das ganze Quartier eigentlich nur wünscht, die vier Lebewesen würden noch heute ihre Sachen packen und nach irgendwo verschwinden. Ich bin eher ein Mann des Ausgleichs.

Neulich, ich musste noch dringend Milch einkaufen vor Schabbat, da treffe ich den Neonazi in unserem Quartierladen. Er hatte künstliche Knochen für seinen Hund und etwa zwanzig Dosen Bier für sich und seine Liebste im Einkaufskorb. Es war der Freitag vor Muttertag. Wir kamen genau gleichzeitig an der Kasse an, auf die Millisekunde. Ich guckte ihn an, er mich. Stille. Wer sich jetzt vorbeidrängelt, der hat keinen Anstand, so viel stand fest. Ich überlegte scharf: ich oder er. Jude oder Arier beziehungsweise Schweizer, der gerne Arier wäre. Häufig genervter Familienvater oder schlechter Hundehalter. Beschnittener oder – da machte der Typ plötzlich eine Geste, dass ich zuerst gehen darf! Ich guckte ihn sprachlos an. Meint er das ernst? Ja, jetzt lächelte er mich sogar an. Ich stammelte »Danke« und bekam meinen Mund nicht mehr zu.

Er bemerkte das: »Stören Sie meine Hunde manchmal?«. Ja, das hat er mich gefragt. Ich war nervöser als bei meinem ersten Date. »Nein«, stammelte ich, »meine Kinder lieben Ihre Doggen.«

»Schäferhunde«, korrigierte er mich freundlich, »Deutsche Schäferhunde, reinrassige übrigens.«

»Ja«, antwortete ich, »ja, natürlich.«

Die Welt wird immer komplizierter.

Schulgeld? Da kaufe ich mir lieber einen Porsche

Gut, wir haben uns entschieden: Unsere Tochter wird ab Herbst eine öffentliche Schule besuchen. Meine Frau und ich haben viele Jahre um diese Entscheidung gerungen. Eigentlich gibt es in Zürich eine streng orthodoxe Mädchenschule. Aber wir haben nachgedacht: Bei uns im Wohnzimmer steht ein Fernseher, im Arbeitszimmer sind zwei Computer mit Internetanschluss, und im Bücherregal befindet sich leider nicht nur der Talmud.

Das ist wenig kompatibel mit der Denkrichtung dieser ultrafrommen Schule. Dann gibt es noch eine weniger strenge Privatschule. Da wir nicht so geübt sind in der Handhabung großer Zahlen, mussten wir den Taschenrechner zu Hilfe nehmen. Die ersten sechs Schuljahre dort kosten mehr als hunderttausend Franken. Das ist ziemlich viel Geld. Dafür bekommt man einen Porsche Cayenne. Zudem lernt man an dieser teuren Schule außer Iwrit nicht viel über die jüdische Religion.

Wichtiger aber für unsere Entscheidung ist, dass wir in der Schweiz leben und nicht in Israel. Und wer seine Kinder nicht in eine Volksschule schickt, der hat ein großes Vertrauensproblem mit seinem Land. Das ist so, als würde ich meine Frau fragen, ob sie sich vor dem Kochen wirklich sich die Hände gewaschen hat.

Gut, also, wir haben uns entschieden. Was jedoch folgte, war ein Aufstand, den ich noch nie erlebt habe. Fremde Menschen entsetzen sich, dass wir unsere Tochter in eine gojische Schule schicken wollen. Viele Juden werfen mir vor, ich würde fahrlässig mit dem Leben meiner Tochter umgehen. An städtischen Schulen, so das kolportierte Bild, sind zehnjährige Mädchen bereits zum zweiten Mal schwanger, und die gleichaltrigen Jungs kiffen, kämpfen mit Messern und rülpsen. Sogar die Frau eines Rabbiners ist mir diese Woche nachgelaufen und hat angefangen zu weinen. Ob ich denn nicht wisse, wie sittlich verdorben die Kinder an städtischen Schulen sind. Ich versuchte, die heilige Frau zu beruhigen. Es gelang mir aber nicht.

Na gut, also, wir werden eine fähige Religionslehrerin suchen, die unserer Tochter die Grundlagen des Judentums beibringt. Wichtiger aber ist unsere Position als Eltern. Wir haben uns vorgenommen, die positiven Werte des Judentums wieder stärker zu betonen. Noch vor einer Woche habe ich am Freitagabend das Tischgebet nur in Unterwäsche verrichtet. Das soll nie wieder geschehen. Auch an meinem Morgengebet muss ich feilen. Ich darf nicht mehr in der Vollmontur – bestehend aus Tefillin und Tallit – vor dem Computer sitzen und auswendig die Gebete runterrasseln.

Wenn uns das gelingt, dann machen wir eigentlich nur das, was in der Tora geschrieben steht. Dass nämlich die Eltern für das Heranwachsen ihrer Kinder verantwortlich sind – und nicht eine Schule. Und mag sie noch so super-fromm und superteuer sein.

Jesus Maria

Die Geschichte wiederholt sich doch. Vor etwa zwei Wochen bin ich frisch geduscht durch mein Quartier lustgewandelt. Die Vögelein zwitscherten wie verrückt, und die Leute haben mich freundlich gegrüßt. Ich guckte den Frauen länger nach, als ich es mir normalerweise zugestehe. Kurzum, es war ein Tag, an dem man nur noch abwägt, ob man nun lieber einen Kaffee oder ein kühles Bier trinken möchte. Als ich mich gerade von der Vogelsangstrasse verabschiedete und die Paradiesstrasse in Angriff nehmen wollte, bemerkte ich das Bild am Straßenrand.

Ein Heiligenbild. Jesus und Maria. Sie war etwa achtzehn Jahre alt und sah wirklich toll aus. Der Kleine hatte rote Wangen und wahrscheinlich gerade sein Bäuerchen gemacht. Er wirkte nämlich sehr satt und zufrieden. Neben dem Bild hat jemand auf einen Zettel geschrieben: Gratis. Ich nahm das Bild unter den Arm, eine Reflexhandlung. Sie wissen: Jude – gratis – mehr?

Als ich zu Hause ankam mit Jesus und Maria, dachte ich wieder etwas zusammenhängender: Was mache ich jetzt eigentlich mit den beiden? Einerseits, andererseits. Zuerst einerseits: Ich bin jüdisch. Andererseits: Ein wirklich schönes Bild und dazu noch gratis. Es war etwas zwischen Farbkopie und Ölgemälde. Der Hintergrund war golden und glänzte wunderschön. Der farbige Holzrahmen sah nach mehr aus als Ikea. Hilfe suchend drehte ich das Bild um. Vielleicht war auf der Rückseite ein altes Preisschild »Antiquariat XY, 1500 Franken«. Aber so viel Glück war mir dann doch nicht hold. Etwas anderes war im Anmarsch: meine Frau.

Sie versteht nicht so viel von Kunst. Und leicht hat sie es mit mir wahrlich nicht. Wenn ich jetzt noch das Jesusbild aufhänge, muss ich die Ferien ohne sie planen. Ich versteckte das Bild unter unserem Ehebett und hatte Gewissensbisse. Da liegt ein Heiligenbild unter meinem Bett und wirft keine Zinsen ab. Am nächsten Morgen stellte ich das Bild unter der Überschrift »Jesus und Maria – auf einem Bild« auf eBay. Ich legte den Startpreis bei einem Franken fest. Mit dem Geld, das die Auktion einbringen würde, so meine Idee, würde ich schön essen gehen. Nach einer Woche war der Preis für das Bild schon in die Höhe geschossen: zwei Franken. Dabei sollte es dann bleiben.

Die Auktion endete an einem Freitag. Um etwa achtzehn Uhr klingelte es an der Tür. Gott, ich habs verpennt: Der Gewinner will das Bild abholen. Schnell nehme ich den Jesus, öffne die Tür und stehe vor einer Gläubigen. Vor ihrem dicken Busen baumelt ein großes Dornenkreuz.

Sie guckt mich verstört an. Ich versuche zu lächeln. Macht dann zwei Franken. Ich fühle mich beschissen. Ich denke an Judas. Der hat immerhin dreißig Silberlinge erhalten. Ich komme, abzüglich Einstellgebühr und anderen Abzügen, auf 1.78 Franken. Ich bin ein Loser.

Was passiert, wenn man mit sechsund-dreißig Jahren eine Geschäftsidee hat

Vorletzte Woche fand ich auf dem Boden einen Kugelschreiber, auf dem »Jesus verlässt dich nie« stand. Wahrscheinlich das Give-away einer christlichen Sekte. Ich hob ihn natürlich auf, glücklich, wieder mal einen Kugelschreiber zu besitzen. Immer, wenn ich einen brauche, habe ich nämlich keinen.

Der Jesus-Stift schrieb aber nicht mehr, die Mine war ausgetrocknet. Schon wollte ich ihn wieder wegwerfen, da fiel mir eBay ein. Ich bot den Kugelschreiber für fünf Franken plus einen Franken Porto an. In den nächsten Tagen entwickelte sich eine Angebotsschlacht um den Stift. Viele Schweizer, so schien es, suchten schon lange nach einem »Jesus verlässt dich nie«-Kugelschreiber, der nicht mehr schrieb. Am Ende der Auktion konnte ich ihn für dreizehn Franken verkaufen!

Dieser Erfolg beflügelte mich sehr. Die Auktion ging um Mitternacht zu Ende. Am Morgen weckte ich meine Frau um etwa fünf Uhr. »Schatz«, flüsterte ich ihr zu, »ich konnte den defekten Jesus-Kugelschreiber für dreizehn Franken verkaufen, toll, oder?« Sie guckte mich verständnislos an. Natürlich erklärte ich ihr gleich, worum es ging. Nämlich darum, dass ich eigentlich ein ziemlich cleveres Bürschchen bin.

China fiel mir ein. Warum nicht, so mein Businessplan am Frühstückstisch, ein paar Millionen kaputte Kugelschreiber bestellen? Mit der Botschaft: »Gott ist bei dir«, »Jesus und Gott in deiner Hand« oder etwas beschwingter: »Hallöchen, Gott guckt auf dich, Menschensohn!«

Im Prinzip bin ich ja jüdisch. Der jüdische Markt ist aber recht klein. Und wenn ich mich schon in die Businesswelt hineinstürze, dann nicht unter einer Million verkaufter Kugelschreiber. Vielleicht mache ich ja später eine kleine Sonderedition: »Haschem ist bei dir« oder »Moschiach, Moschiach, Moschiach«.

Den Satz »Jesus verlässt dich nie« kann ich natürlich nicht patentieren lassen. Seine Botschaft ist leider auch nicht allen genehm.

Vor einer Woche nahm ich ein paar Drinks mit einem Kollegen in einer Zürcher Bar. So betrunken wie die alte Frau, die sich von Tisch zu Tisch hangelte, war ich aber noch nicht. Sie lallte etwas von George W. Bush und dem verfluchten Irakkrieg.

Normalerweise ist man ja zu anderen Betrunkenen solidarisch und gutmütig. Die Frau stank aber außerirdisch. Und sie wollte nicht mehr von mir weichen. Irgendwann packte ich sie am Arm und sprach sie ganz offen an: »Jesus verlässt dich nie!« Die Frau schrie mich an. Ich sei ein … und ein …!

Aber sie entfernte sich von meinem Tisch. Klar, ich bin jetzt ein wenig euphorisch. Es gibt Menschen, die suchen ein Leben lang nach einer Geschäftsidee. Ich bin erst sechsunddreißig Jahre alt und werde die Welt noch überraschen! Es sei denn, mein Sejchel verlässt mich.

Mein Sohn Jonathan

Ich habe meinem Sohn den Namen Jonathan gegeben. Dahinter stehen keine genealogischen Überlegungen oder Vorbilder gleichen Namens. Nein, ich dachte einfach, dass »Jonathan Frenkel« sich nicht schlecht anhört. Aber dann merkte ich, dass ich es mir zu leicht gemacht hatte.

Vielleicht muss ich zuerst vorausschicken, dass die Juden ein sehr kompliziertes Völkchen sind. Gemeint sind dabei alle, egal ob Aschkenasim oder Sephardim. Ich wurde immer wieder gefragt, wie ich Jonathan ausspreche. Es gibt, das musste ich lernen, verschiedene Aussprachen: Jojnessen, Jaunosson, Jonasan, Jejnessen und so weiter. Mittlerweile antwortete ich auf die Frage nach dem Namen meines Sohnes: »Er heißt Jonathan, und ich nenne ihn Jonathan.« Dann kommt aber gleich die nächste Frage, wie ich den Namen schreibe. Denn, Gott seis geklagt, auch hier kann man auswählen: Jonathan, Jonatan, Yonathan und so weiter. Also sage ich immer: »Er heißt Jonathan, ich nenne ihn Jonathan und schreibe ihn auch so.«

Das alles würde mir nicht passieren, wenn mein Stammhalter Tim oder Fritz hieße. Dabei habe ich extra nach

einem altmodischen Namen gesucht, einem Allerwelts-
namen also. Meiner Ansicht nach soll nicht der Name au-
ßergewöhnlich sein, sondern der Namensträger. Jonathan,
so schwante mir aber schließlich, ist für die Menschen ein
sehr außergewöhnlicher Name. Zudem habe ich meine
Hausaufgaben nicht gemacht. Ich wusste zwar, dass Jonathan ein biblischer Name ist, doch wo er auftritt – keine
Ahnung. Käme ich bei *Wer wird Millionär* zur 64000-
Euro-Frage: »Wo kommt Jonathan in der Bibel vor? A: Ge-
nesis, B: Samuel, C: Hiob oder D: Richter«, dann hätte
ich aus Frust Antwort C (Hiob) gewählt. Seit Kurzem erst
weiß ich: Jonathan ist der Sohn Sauls und bester Freund
Davids.

Dafür habe ich aber die Erfahrung gemacht, dass
Nichtjuden den Namen wunderschön finden und seltsamerweise mit Lessings *Nathan der Weise* verwechseln.
Juden hingegen, nachdem wir den Marathon um die
korrekte Schreibweise hinter uns haben, kommentieren
gleich, dass sie in ihrer Familie mindestens zwei Jonathans
hätten, einer würde aber Jaunosson heißen und der andere
Jojnessen. Ich weiß dann nie, was ich antworten soll. Inzwischen gefällt mir der Name Tim außerordentlich gut.

Am schlimmsten ist es aber mit Israelis. Sobald ich
Jonathan sage, singen sie *Jonathan Hakatan* nach der Melodie von *Hänschen klein, ging allein*. Jonathan Hakatan
heißt übrigens: »Jonathan der Kleine«.

»Oh Gott«, dachte ich einen Monat nach Jonathans
Geburt, »was habe ich meinem Sohn nur angetan?« Aus

der Traum vom Nobelpreisträger. Wer will schon jemanden mit einem so seltsamen Namen nominieren, bei dem
an der Preisverleihung in Stockholm im Hintergrund
plötzlich *Jonathan Hakatan* gesummt wird?

Habe ich das schon gesagt? Der nächste Sohn heißt
Tim.

Wenn Namen Angst machen

Vergangenes Wochenende war ich der Schabbes-Vertreter in einem jüdischen Altersheim. Ich musste den Kiddusch brüllen, Schabbeslieder schreien und das Tischgebet sehr laut vorsingen. Ich gab mein Bestes und wurde von den meisten erhört.

Außerdem war ich der Gabbe in der kleinen Altersheimsynagoge. Wenn man mir Verantwortung überträgt, ist man normalerweise selber schuld. Ich mag es nicht sonderlich, zum Vorlesepult zu gehen und dort die Segenssprüche vorzutragen.

Meistens mache ich einen Fehler und verwechsle die Stelle, an der man angibt, wie viel man spenden will, mit der Stelle, an der man die Familienangehörigen segnen muss. Wenn der Vorbeter mich also auf Hebräisch fragt, was ich denn der Gemeinde spenden möchte, antworte ich immer: »Ischti – meine Frau.«

Hier war jetzt alles umgekehrt. Ich war der Gabbe und rief die Menschen zur Tora auf. Zuvor mussten sie mir immer ihre jüdischen Namen und die ihrer Väter ins Ohr flüstern. Der erste war Elieser ben Efraim Mendel Hakohen. Was? Elieser ben Efraim Mendel Hakohen. Ich nuschelte: »Es komme zum Vorlesepult Reb Elieser Mendel Hakohen ben Efraim?« Beim dritten Versuch klappte es.

Der Zweite hieß noch komplizierter: Mordechai Schulem ben Hachower Aron Jissachar Levi. Ich schwitzte Blut. Die alten Leute guckten mich an. Ich zitterte: »Mordechai … Schulem ben – Entschuldigung, wie hieß Ihr Vater noch mal?« Jemand lachte. Ein anderer guckte auf die Uhr. Ich versuchte, zu lächeln und jetzt alles richtig zu machen: »Mordechai Schulem ben Hachower Aron Jissachar Levi.« Ich staunte. So viele Namen in der richtigen Reihenfolge, das habe ich schon lange nicht mehr geschafft. Ich guckte hinüber in die Frauenabteilung und strahlte meine Frau an, die stolz lächelte.

Doch dann begann Mordechai, die Namen seiner Kinder runterzurattern: »Feigi Elischewa bat Mordechai Schulem we Janki Jossef Matitjahu ben Mordechai Schulem we …« Mist. Ich hielt mein Ohr auf seinen Mund und stotterte nach, Silbe für Silbe.

Ich fühlte mich unendlich erschöpft und wollte nur noch nach Hause. Doch nichts da! Mit jedem Beter wurde es schlimmer. Wenn einer nur zwei jüdische Namen hatte, so konnte ich mich darauf verlassen, dass sein Vater mindestens vier auf dem Geburtsschein stehen hatte.

Bald standen auch die nichtjüdischen Pfleger in der Synagoge und später selbst das Küchenpersonal. Es muss sich herumgesprochen haben, dass da jemand Junges noch tattriger als die Heimbewohner wäre. Was mich zudem beunruhigte: Meine Frau war verschwunden und ließ mich allein stammeln.

Als Letzter kam ein Vierzehnjähriger nach vorne. Wie heißt du? Eli ben Mosche. Und weiter? Was? Du hast sicher noch mehr Namen, mach schon! Eli ben Mosche sah mich ängstlich an. Nein, Herr Frenkel, ich heiße wirklich nur Eli ben Mosche. Ich schaute ihn unsicher an. Ein Jude mit nur einem Namen? Meine Augen suchten seinen Vater. Der erwiderte meinen Blick mit einem Nicken. Also beglaubigt. Eli ben Mosche, tatsächlich, komm nach vorn und lass dich von mir umarmen!

Mendel-Heim

Hoch über Zürich liegt das Mendel-Heim. Ein jüdisches Altersheim. Weniger als vierzig Bewohner und Bewohnerinnen leben da in den verschachtelten Gängen und Fluren. Manche von ihnen sind tiefreligiös und haben neunzig Jahre lang alle jüdischen Gebote eingehalten. Es gibt aber auch solche, die bis zu ihrem letzten Atemzug überzeugte Atheisten sind. Diese bleiben in ihren Zimmern, wenn am Samstag im kleinen Betsaal des Mendel-Heims der Gottesdienst begangen wird. Das Essen im Altersheim ist aber strikt koscher. Alte Menschen, die früher Schweinefleisch gegessen haben, sitzen nun in der Kantine und bekommen nur noch koscheres Fleisch serviert. Und koschere Milch, koscheren Käse und koscheres Joghurt.

Früher bin ich alle zwei Wochen im Mendel-Heim gewesen. Und zwar als Schabbat-Vertretung. Dafür erhielt ich zweihundert Franken bar auf die Hand. Was ich machen musste? Am Samstag bei den Mahlzeiten anwesend sein und zwischen dem ersten und zweiten Gang kurz aufstehen und mich vorstellen. Es liegt jetzt auch schon zwei Jahre zurück, dass ich das letzte Mal da oben im Altersheim gewesen bin. Trotzdem, ich kann mein Sprüchlein von damals noch immer fehlerfrei aufsagen: »Liebe Bewohnerinnen und Bewohner des Mendel-Heims. Ich möchte mich kurz vorstellen. Mein Name ist Beni Frenkel. Ich wiederhole: Beni Frenkel. Ich wünsche Ihnen einen schönen Schabbat und natürlich einen guten Abend. Vielen Dank.« Dann setzte ich mich wieder hin und aß weiter. Ich wusste: Bald werden Frau Gottlieb und Frau Zahler zu mir kommen und mich fragen, wie ich denn heiße.

Neben mir sitzt übrigens Frau Felder. Sie sieht sehr gütig aus. Sie hat vier Kinder, zwölf Enkelkinder, siebenunddreißig Urenkel und so weiter. Mit den Jahren ist sie etwas eigen geworden. Wenn man an ihr vorbeigeht, ruft sie: »Du verdammtes Rindvieh! Verdammtes Arschloch!« Dann lächelt sie wieder sanft und isst weiter. Zum Glück wird sie vom Personal nicht richtig ernst genommen. Ein Betreuer ist zum Beispiel sehr dunkelhäutig. Wenn er unglücklicherweise in ihre Nähe kommt, beginnt sie zu kreischen: »Scheißneger, du!« Dann ist wieder Ruhe im Speisesaal. Beinahe andächtig. Man hört ein bisschen das Schlürfen, Hüsteln und Rülpsen.

Zweihundert Franken ist für mich sehr viel Geld. Manchmal beschlich mich schon ein schlechtes Gewissen, dass ich für so wenig Arbeit so viel Geld kriege. Nebst dem vielen Geld darf ich auch dreimal gut essen und werde wie ein König behandelt. Das nichtjüdische Personal meint nämlich, ich wäre ein Rabbiner. Wenn ich beim Frühstück gerade ein Kuchenstück verschlungen habe, kommt eine philippinische Mitarbeiterin und fragt, ob der Rabbiner noch ein Kuchenstück verzehren möchte. Ja, antworte ich, und bitte noch um eine Tasse Kaffee. Rein theoretisch bin ich allerdings kein Rabbiner.

Nachdem ich geheiratet hatte, nahm ich auch meine Frau mit ins Mendel-Heim. Wir schliefen immer im größten Zimmer und verbrachten manch schöne Stunde miteinander. Einmal, an einem Abend, ich vergnügte mich gerade mit meiner Frau, da hämmerte jemand wie blöd an die Türe. »Mist«, schrie ich, »was ist denn los?« – »Frau Mandelbaum liegt im Sterben. Herr Rabbiner, Sie müssen kommen, bitte!« Vor der Türe steht der kleine Amir aus Ägypten. Ich glaube, er ist Koch. »Schnell, Rabbiner, Zimmer 302!« Ich kleidete mich an und rannte zum Zimmer 302. Da lag dann wirklich Frau Mandelbaum in ihrem Bett und starrte an die Decke. Ich guckte auch nach oben, aber ich konnte dort nichts erkennen. »Mein Name ist Beni Frenkel. Ich wünsche Ihnen einen schönen Schabbat«, versuchte ich, das Eis zu brechen. Ich hatte keine Ahnung, was ich jetzt machen sollte. Wir schwiegen uns für zehn Minuten an. Dann dachte ich plötzlich daran, dass ich ja etwas machen müsste, wenn Frau Mandelbaum heute sterben will. Aber was? Es gibt Gebete, daran erinnerte ich mich. Und alle Spiegel muss man verhüllen, eigentlich wusste ich doch ziemlich viel. »Frau Mandelbaum«, sagte ich zaghaft, »ich renne schnell zum Betsaal und hole ein Gebetsbuch. Ich bin gleich wieder da, ja?«

Ich flitzte zur kleinen Synagoge und nahm alle Bücher mit, die ich tragen konnte. Frau Mandelbaum lebte noch, als ich wieder zurückkam. So ganz sicher war ich allerdings nicht. Zwei dünne Schläuche hingen von ihr runter. Ein Apparat summte die ganze Zeit und machte mich nervös. Rein äußerlich lebte sie nicht mehr. Ich kannte Frau Mandelbaum nicht. Sie war nie unten im Speisesaal. Auf ihrem Nachttischchen standen ein paar Fotos. Frau Mandelbaum als Kind, Braut und als Mutter. An der Wand hing ein großes Porträt ihres Mannes. Der musste aber schon lange tot sein, dachte ich. Ich schaute mich um, ob es vielleicht irgendwo eine *Glückspost* oder sogar eine *Bunte* gab. Aber Frau Mandelbaum las keine solche Zeitschriften. Den Fernseher wollte ich nicht anschalten. Doch zum Glück entdeckte ich eine Bonbonniere aus Kristallglas. Darin lagen Pralinen. Ich schob mir zwei gleichzeitig in den Mund und kaute andächtig. Sie schmeckten herrlich. Dann blätterte ich ein bisschen im Gebetbuch und las quer. Die Maschine summte noch immer. Gott, wie mich das nervte. Aber abstellen durfte ich sie nicht. Ich betrachtete die dünnen Schläuche. Ich bin kein Mediziner aber ich glaube, bei einem Schlauch ging etwas in den Körper, und beim anderen kam etwas raus. Ich konnte aber keine Flüssigkeit sehen. Ist Frau Mandelbaum tot? Amir kam rein. »Herr Rabbiner, wie sieht es aus?« Ich räusperte mich. »Amir, was machen eigentlich die anderen Rabbiner in solchen Fällen?« Die bleiben die ganze Nacht im Zimmer, erklärte Amir. Ich schaute auf die Uhr. Seltsam, ich bin erst zwanzig Minuten im Zimmer. Eigentlich sind zweihundert Franken keine so große Summe. Ich blickte zu Frau Mandelbaum. Das Schicksal hat uns zwei zusammengeführt, so viel ist klar. »Frau Mandelbaum, eigentlich bin ich gar kein Rabbiner. Ich hätte also gar keine Ahnung, was ich tun muss im Falle eines Falles. Aber ich lese Ihnen gerne etwas aus den Heiligen Schriften vor.« Ich nahm das Alte Testament und begann mit der Erschaffung der Welt. Ich las von den Heldentaten unserer Urahnen vor: Abraham, Isaak und Jakob. Dann ging ich runter in den Speisesaal und trank zwei Tassen Kaffee. Als ich zurückkam, summte der Apparat noch immer. Ich nahm die Bibel wieder zur Hand und erzählte von der Knechtschaft des jüdischen Volkes im Lande Ägypten. Der ägyptische Pharao unterjochte die Juden zweihundertzehn Jahre lang und ließ sie Pyramiden bauen. »Übrigens«, raunte ich Frau Mandelbaum zu, »der Koch des Mendel-Heims stammt aus Ägypten.« Wir lasen von Moses und der Teilung des Schilfmeeres. Ich las und las. Irgendwann konnte ich einfach nicht mehr. Es war bereits vier Uhr morgens. Ich ging auf die Toilette von Frau Mandelbaum. Es roch nach alter Frau und Rosenwasser. Ich war hundemüde. Versehentlich schubste ich einen ziemlich teuren Parfum-Flakon auf den Boden. Es machte laut Klirr. Ich fluchte und kehrte mit den Schuhen die Scherben auf die Seite. In der Toilette roch es jetzt sehr streng nach Rosenwasser. Ich ging zurück ins Zimmer und entschuldigte mich für mein Missgeschick.

Seufzend setzte ich mich wieder hin. Frau Mandelbaum starrte noch immer auf die Decke. Ihr Mund war weit geöffnet, und ihr Puls ging sehr flach. Ich las weiter. Von den Opfern im Heiligen Tempel und von einem Esel, der plötzlich redete. »Ich kannte mal einen Hund, der konnte rülpsen, Frau Mandelbaum!« Überhaupt kenne ich viele Tiere und Menschen. Ich kenne so viele, dass ich längst die Übersicht verloren habe. Ich weiß zum Beispiel nicht mehr, wer alles bei meiner Hochzeit dabei war. Es waren so viele. Auch an das Essen kann ich mich nicht mehr erinnern. Zum Glück sind auch die meisten künstlerischen Darbietungen mittlerweile aus meinem Gedächtnis verbannt. Nur an einen blöden Sketch von der Freundin meiner Frau erinnere ich mich vage.

Woran denkt wohl Frau Mandelbaum? An ihren Mann, an ihre Kinder? Nervt sie sich ebenfalls an dem Summton der Maschine? Plötzlich hatte ich das Bedürfnis, sie zu berühren. Ich streichelte ihren Arm und las weiter aus den Heiligen Schriften. Um sechs Uhr fiel mir das schwere Buch auf den Zeh. Ich fluchte laut, und Frau Mandelbaum zuckte. Es war ihre erste Bewegung, seitdem ich in ihrem Zimmer war. Ich hing nur noch auf dem Stuhl und rieb mir die Augen. Amir, der Ägypter, klopfte an die Tür. Ich wurde abgelöst.

Ich torkelte zurück ins große Zimmer. Dort knallte ich

mich aufs Bett und schlief gleich ein. Meine Frau weckte mich zum Mittagessen. »Wie geht es Frau Mandelbaum?« Sie strich mir übers Haar. »Sie will noch nicht gehen.«

Frau Mandelbaum starb am Sonntag. Bei der Beerdigung waren nicht viele Menschen. Es regnete. Ihr Sohn sprach das Totengebet, und dann zerlief sich die Trauerfamilie. Ich legte einen Stein auf ihr Grab.

Hilfe, ich habe Mundgeruch

Wenn ich einmal das Zeitliche segnen muss und vor dem Ewigen stehen werde, dann möchte ich auf die Frage, ob ich irgendetwas an meiner Person zum Guten verändert habe, sagen können: Ja, ich habe meinen schlechten Mundgeruch besiegt.

Ich leide sehr darunter. Wenn ich mit Menschen rede, hauche ich vorher immer zuerst meine Hand an und führe sie gegen meine Nase. Sicher ist sicher. Bin ich in einem vollbesetzten Bus, suche ich, für den Fall, dass mein Atem wie ein offener Gully riecht, einen Stehplatz am Fenster. Am Schabbes bibbere ich immer vor dem Aufruf zur Torarolle bei der Vorstellung, dass der Vorbeter wegen mir umkippen könnte. In fremden Synagogen lüge ich vor, ich sei Cohen-Levi, ein spezieller Status, ziemlich kompliziert, tut mir wirklich leid. Schickt mich nur nicht da rauf.

Begonnen hat alles mit Bissli und Bamba, diesen verfluchten kosheren Snacks. Die sind sehr scharf und eine echte Herausforderung für den Magen. Später, als sie mir keinen Kick mehr gaben, legte ich mir Harissa zu. Das ist eine scharfe orientalische Gewürzpaste. Ich startete mit der leichten Version, bis ich in einem Koscherladen eine höllisch scharfe Variante entdeckte. Eine kleine Gabelspitze, und mein Metabolismus spielte verrückt. Wahrscheinlich habe ich damit die Pforte zu meinen Gallensäften für immer geöffnet. Und das, obwohl ich mit Harissa vor ein paar Jahren Schluss gemacht habe. Mittlerweile habe ich meine Ernährung komplett umgestellt. Ich esse keine Paprikachips mehr, sondern höchstens Stangensellerie. So ganz hat sich mein Mundgeruch allerdings nicht verflüchtigt.

Überglücklich war ich deshalb, als ich in der Zeitung ein Inserat fand, in dem Testpersonen mit Mundgeruch gesucht wurden. Ich habe mich sofort gemeldet. Noch kann aber keine Entwarnung an meine Mitmenschen gegeben werden. Die Entscheidung, ob ich für die klinische Studie genommen werde, liegt in der Hand, beziehungsweise in der Nase von Studienleiter Professor K. F. Arnold. Die Mundgeruch-Kandidaten, die den Recall schaffen, wurde mir mitgeteilt, »erhalten Informationen, die zur Lösung ihres Problems führen können«.

Hoffentlich ist Professor K. F. Arnold nicht so streng wie Dieter Bohlen. Ich weiß jedenfalls schon, wie ich mich auf meinen Testauftritt vorbereiten werde: eine Packung Bissli, eingetunkt in eine Schale Harissa: ein Hauch von Hoffnung.

Glossar

Aschkenasim   Mittel-, nord- und osteuropäische Juden

Aufruf   Sobald im Gottesdienst aus der Tora vorgelesen wird, ruft man Männer auf. Die müssen dann nach vorne gehen und einen Segensspruch über die Tora sagen. Manche mögen diese Ehre, andere fürchten sich davor.

Bal Tasch'chis   Verschwendung, Littering

Bracha   Segensspruch

Chametz   Während des jüdischen Feiertags → Pessach darf man kein Chametz essen, also kein Brot und dergleichen. Nur diese Mazzot, dieses Knäckebrot.

Chanukka   Jüdisches Lichterfest im Dezember. Dauert acht Tage.

Chassidim   Innerjüdische Strömung deren Vertreter am jüdischsten aussehen: Hüte, weiße Socken, schwarzer Anzug

Etrog   Sieht aus und schmeckt wie eine Zitrone. Wird an → Sukkot verwendet

Gabbe   Hilfssheriff des Rabbiners. Muss in der Synagoge nach dem Rechten schauen

Ganeff   Dieb

Goj   Nichtjude

Hadassim   Myrtenzweige. Werden an → Sukkot verwendet

Haftara   Nach der Toralesung am Samstag, wenn die Konzentration langsam nachlässt, wird noch etwas vorgelesen, nämlich von den jüdischen Propheten.

Haggada   Jüdisches Buch, das in der Pessachnacht gelesen wird

Hazlacha rabba   Viel Erfolg!

Iwrit   Hebräisch

Jeschiwe   Talmudhochschule

Jom Kippur   Versöhnungstag

Kabbala   Jüdische Geheimlehre

Kaddisch   Totengebet

Ketubbah   Ehevertrag

Kiddusch   Kurze und feierliche Zeremonie, bevor man Wein und Brot genießt

Kippa   Kopfbedeckung

Kupat Ha'Ir   Armenkasse in Israel. Sammelt ziemlich aggressiv Geld. Auch in der Schweiz. Leider.

Lubawitscher   → Chassidim. Stehen der Moderne aber ziemlich offen gegenüber

Lulav   Festtagsstrauß. Wird an → Sukkot verwendet

Ma nischtana   Teil der → Haggada. Wird von den Kindern gesungen

Machsorim   Gebetbücher für die jüdischen Feiertage

Maimonides   Großer jüdischer Gelehrte (12. Jahrhundert)

Menora   Leuchter für → Chanukka

Mikwe   Rituelles Tauchbad. Frauen gehen am Ende ihrer Menstruation in die Mikwe. Nach dem Tauchbad darf der Mann – wenn die Frau überhaupt will – wieder mit ihr kuscheln. Auch die Männer gehen tauchen. Ganz religiöse sogar jeden Tag.

Mincha   Nachmittagsgebet

Minjan   Quorum ab zehn jüdischen Männern. Erst mit einem Minjan dürfen gewisse Gebete verrichtet werden.

Moschiach   Messias

Morah   Lehrerin

Mosche Rabbenu   Moses

Nudnik   Nervensäge

Pessach   Jüdisches Osterfest

Pessach-Schüssel   Am Pessach-Abend steht eine reich gefüllte Schüssel auf dem Tisch mit allerlei symbolischen Speisen.

Rambam   Großer Gelehrter aus dem 12. Jahrhundert

Rebbeze   Frau des Rabbiners

Rosch-Haschana   Jüdisches Neujahrsfest

Sabbat, Schabbes, Schabbat   Samstag

Schawuot   Jüdisches Wochenfest

Sejchel   Verstand

Seder   Festmahl am Pessachfest

Sephardim   Juden aus Nordafrika

Siddur   Gebetbuch

Sukka   Laubhütte

Sukkot   Laubhüttenfest

Tallit   Gebetsmantel

Talmud   Mammutwerk, das im 5. Jahrhundert seinen Abschluss fand.

Tefillin   Gebetsriemen

Tscholent   Suppenpampe

Wochenabschnitte   Die Tora wird in etwa fünfzig Wochenabschnitte unterteilt. Jede Woche liest man dann einen am Schabbat.

Zedaka   Wohltätigkeit

Zizit   Schaufäden, die religiöse Juden an ihrem Unterhemd tragen

KEIN & ABER POCKET

Truman Capote
Erhörte Gebete
Roman | Aus dem Amerikanischen von Heidi Zerning
ISBN 978-3-0369-5927-6

Ayelet Gundar-Goshen
Eine Nacht, Markowitz
Roman | Aus dem Hebräischen von Ruth Achlama
ISBN 978-3-0369-5926-9

Ian Hamilton
Die Wasserratte von Wanchai
Kriminalroman | Aus dem Englischen von Simone Jakob
ISBN 978-3-0369-5929-0

Elif Shafak
Der Bastard von Istanbul
Roman | Aus dem Englischen von Juliane Gräbener-Müller
ISBN 978-3-0369-5924-5

Alle Pockets sind auch als eBooks erhältlich.
www.keinundaber.ch/pockets